Susanne Czuba-Konrad / Tamara Labas-Primorac /
Venera Tirreno-Schneider (Hrsg.)
Wortwandlerinnen

Ein neues Leben in einem noch fremden Land zu beginnen, ist ein Abenteuer. Im Literaturclub der Frauen aus aller Welt e.V., Frankfurt am Main, versuchen seit den 1990er Jahren Frauen aus nicht deutschsprachigen Ländern, sich mit gemeinsamen literarischen Projekten dieser Herausforderung zu stellen. Zu der Gruppe schreibender Frauen zählen auch einige Autorinnen deutscher Muttersprache. Zentrales Thema ihrer Texte ist der Erwerb und das sich Einleben in der deutschen Sprache.

Einfühlsam begleitet hat die schreibenden Frauen der Lektor und frühere Leiter des Frankfurter Literaturhauses Thomas Beckermann. Von ihm stammt auch das Nachwort zu dem Buch.

»Die Lust am literarischen Schreiben und der Ehrgeiz, sich auf Deutsch auszudrücken und das Können zu verfeinern, eint die Frauen. (...) Das Interesse am Schreiben, an Sprache und Literatur, bringt die einheimischen und emigrierten Frauen zusammen, sind die Treffen ein Beispiel gelebter Integration.«
(Canan Topçu, Frankfurter Rundschau)

Suzanne Czuba-Konrad
Tamara Labas-Primorac
Venera Tirreno-Schneider (Hrsg.)

Literaturclub der Frauen aus aller Welt e. V.

Wortwandlerinnen

Autorinnen von vier Kontinenten erzählen

Nachwort von Thomas Beckermann

Brandes & Apsel

Auf Wunsch informieren wir regelmäßig über das Verlagsprogramm:
Brandes & Apsel Verlag, Scheidswaldstr. 22, 60385 Frankfurt am Main, Germany
Internet: www.brandes-apsel-verlag.de
E-Mail: info@brandes-apsel-verlag.de

literarisches programm 147

1. Auflage 2010

Lektorat: Volkhard Brandes, Frankfurt am Main
DTP: Caroline Ebinger, Brandes & Apsel Verlag, Frankfurt am Main
Umschlaggestaltung: Franziska Gumprecht, Brandes & Apsel Verlag, Frankfurt am Main
Umschlag: Fotografie: Anna Pekala, http://www.annapekala.de
Druck: Grafika Soča d.o.o., Printed in Slovenia
Gedruckt auf säurefreiem, alterungsbeständigem und chlorfrei gebleichtem Papier.

Bibliografische Information *Der Deutschen Nationalbibliothek*:
Die Deutsche Nationalbibliothek verzeichnet diese Publikation in der Deutschen Nationalbibliografie; detaillierte bibliografische Daten sind im Internet über http://dnb.d-nb.de abrufbar.

ISBN 978-3-86099-676-8

INHALT

Vorwort
Vom Zauber der Mehrsprachigkeit

Unsere Sprache ist ein Instrument des Ausdrucks. Wer in Deutschland geboren und aufgewachsen ist, trägt sie wie ein vertrautes Kleid. Doch Schriftstellerinnen und Schriftsteller streifen dieses Gewand täglich neu über, kein Laut ist fraglos hinnehmbar, keine Formulierung ist nicht durchdacht. Doppelt öffnet sich eine Sprache für Schreibende, die sie erst im Laufe ihres Lebens entdecken. Zu den Fremdheitserfahrungen in einem neuen Land gesellt sich das Stolpern über das noch unbekannte Idiom. Eine Entdeckungsreise beginnt. Vertrautes, in dem man sich in der Muttersprache selbstverständlich bewegte, wird brüchig; an das Neue erfolgt eine vorsichtige Annäherung, die oft mit Hindernissen verbunden ist, mit skurrilen und erheiternden, manchmal aber auch bedrückenden Erlebnissen. Und wenn die neue Sprache nicht nur dem Alltagsgebrauch dient, sondern zum schöpferischen Medium wird, öffnet sich das Kaleidoskop der Spracherfahrungen in besonders schillernder Weise.

Vierzehn Autorinnen aus Armenien, Türkei, Italien, Kanada, Polen, Tschechien, Finnland, Marokko, Iran, Kroatien und Deutschland stellen sich der Herausforderung, in Erzählungen und Gedichten über den Zauber der Mehrsprachigkeit zu berichten.

Die Leserin, den Leser erwartet Fiktives und Autobiografisches, Lyrisches und Essayistisches. Man erfährt von der sprachbegabten und leicht überheblichen Jane, die meint, sie könne die Welt im Sturm erobern, von ersten schriftstellerischen Gehversuchen in einem fremden Land und von den Eindrücken eines Au-Pair-Mädchens. Erzählt wird vom Lernen einer neuen Sprache in der Pubertät und vom Hindernislauf über fremde Vokabeln. Die Liebe zur Muttersprache und das zaghafte Anfreunden mit der Zweitsprache sind ebenso Thema wie das heitere Spiel mit den fremden Klängen und Zeichen.

Einige der Verfasserinnen dieses Bandes haben sich bereits 1997 zum »Literaturclub der Frauen aus aller Welt« zusammengeschlossen. Geleitet wurde die Gruppe bis 2004 von der iranischen Schriftstellerin Shirin Kumm. Neben der Freude am schöpferischen Akt und dem Spiel mit der Sprache haben die schreibenden Frauen noch Weiteres im Sinn. Der Literaturclub sieht sich auch als ein Ort, der die Integration der Mitbürger aus anderen Herkunftsländern fördert. Die Autorinnen machen den ersten Schritt der Integrationsarbeit, indem sie sich schriftstellerisch mit den Themen Sprache, Fremdheitserfahrung, Verlust, Trauer, Neugierde, Neubeginn u.ä. auseinandersetzen. Den zweiten, nicht minder wichtigen Schritt der Integrationsarbeit leistet die Leserin, der Leser.

Die notwendige Integration unserer Mitbürger aus anderen Herkunftsländern kann besser glücken, wenn auch die Aufnehmenden sich diesen Themen nähern und Fremdheit in sich selbst entdecken. Dies fördert die Einfühlung in den jeweils anderen: Was ich bei mir finden kann, kann ich bei dir verstehen. So verstanden und angenommen erleichtert es dem Zugezogenen das Fremde der neuen Welt anzunehmen. Vielleicht trägt ein wenig auch dieser Band dazu bei, diesen idealen Umgang miteinander zu fördern.

Frankfurt am Main, im Sommer 2010
Die Herausgeberinnen

Ayla Bonacker

Die Höhle

Ungewöhnlich warm scheint die Sonne für Februar. Mit einer Zeitung in der Hand sitze ich auf einer Bank am Rande eines kleinen Sees. Man hört den Gesang der Wasservögel. Hinter mir erstreckt sich ein großer Park, dessen Weg mit älterem Baumbestand eine riesige runde Lichtung umarmt. Jedes Mal, wenn ich im Park umherstreife, denke ich, dass diese Liegewiese des Nachts ab und zu als Landeplatz für UFOs dienen könnte. Ich schaue wieder auf den See hinaus und sehe einen Schwan, der mir hypnotisierende Blicke zuwirft, herrisch in Richtung des Schilfgrases schwimmt und reliefartige V-förmige Wellen hinterlässt. Mit magischer Anziehungskraft zerren mich die Wellen mit, viele Jahre zurück in die Vergangenheit. Nach einem Wimpernschlag liegt die ganze Welt sichtbar unter meinen Füßen. Aus der Vogelperspektive, über Wälder, Flüsse, Berge und Riesengletscher hinweg sehe ich mein Land, das auf drei Seiten vom Meer umgeben ist. Am Horizont erscheinen mächtige, schneebedeckte Berggipfel und reißende Flüsse, die sich in mehrere Deltas ergießen, sowie Herden, die im ewig gleichen Rhythmus durch heftige Sturmböen wandern. Als hätten sich Berg und Fluss zu einem Rendezvous getroffen, schmiegen sie sich um ein riesiges Tal. Hier befindet sich mein Geburtsort Güzelyurt, der vor den westlichen Toren Kapadokiens neben dem Tal Ihlara liegt. In diesem Tal fließt der *Melendiz*, der in antiken Zeiten *Potamus Kapadukus* genannt wurde. Dort haben im 14. Jahrhundert kapadokische Mönche zahlreiche Kirchen und unterirdische Städte in die Felsen gebaut. Die Sonne geht gerade unter und verändert damit die Aussicht auf die Erde, als wäre sie mit Goldstaub bedeckt.

Vorbei am Rauschen eines Baches, das von vielen Wasseramseln übertönt wird, komme ich in eine enge Gasse in das alte, damals von Griechen bewohnte Haus, in dem ich geboren wurde. Es öffnet sich das Eisentor mit knarrenden Geräuschen. Über den mit Pflastersteinen bedeckten Hof gelange ich zu einem Fenster mit buntem Glas und sehe den Umriss meiner Mutter inmitten einiger anderer Frauen. Auf einmal finde ich mich in ihrem Bauch wieder, in einer Höhle als Baby, allein. Ich strampele mit den Beinen im Fruchtwasser, als wäre es ein Teil des tiefsten Ozeans. Eine Hand lege ich an mein Ohr, wie eine Muschel, und ich höre gedämpfte Stimmen, sowie das Tosen und Flüstern des Meeres. Ich lausche einem Lied, das meine Mutter oft gesungen hat:

Das Lied handelt von einem Schreiber in Istanbul. Als er im Stadtteil Üsküdar unterwegs war, regnete es sintflutartig, so dass er seinen Rockzipfel durch den Schlamm schleifen musste.

Das ist meine Muttersprache Türkisch. Sie ist das Fenster für meine Zweitsprache: die deutsche Sprache, mit der ich später viel experimentiert habe.

Während ich im Mutterleib heranwachse, wird meine Höhle immer enger. Am Morgen des ersten April, nach einer majestätischen Stille, gibt es eine lautlose Explosion in der Fruchtblase, und nach mehreren klagenden Wehlauten meiner Mutter, verlasse ich meine Höhle und schreie so laut gegen das Licht, als würde in ein goldenes Horn geblasen. Das ist meine Geburt: »Big Birth«. Eine türkische Redewendung besagt: »Wenn ein Mädchen geboren wird, stöhnen die Berge vor Begeisterung.« Die lauten Worte der Freude werden zu einem Gemurmel. Zum großen Finale liege ich an der Brust meiner Mutter. Ein Lächeln huscht über mein Gesicht, und sie blinzelt. Was für ein schönes Bild, es ist wie ein Gemälde von Renoir. Man kann sich nichts Schöneres vorstellen.

Ein mystischer Schwanengesang ruft mich von meiner Seelenwanderung zurück. Der Schwan, wie an einer Schnur gezogen, gleitet aus dem Schilfgras heraus und reißt mich in die Tiefe der See.

Tanz der Seepferdchen

Ich tauche tief
In den Ozean.
Die Fische sind
Buchstabenförmig
Verwandelt.
Sie schwimmen
Zwischen den Schwebetierchen
Und Korallen
Um mich herum.
Ich schwimme
Hinterher.
Ein Paar Zierfische
Formen sich wie Wörter auf.
Halte sie fest
Als verbrüderte Wörter
Gleiten sie
Aus meinen Händen wie ein Duett
In Deutsch und Türkisch.

Ozean – Okyanus
Oberstleutnant – Yarbay
Fisch – Balık
Muschel – Midye
Scherz – Şaka
Stricknadel – Şiş
Schaschlik – Şişkebap
Salat – Salata
Raki – Rakı
Wein – Şarap
Prost – Şerefe

Liebe deutsche Freunde, wenn Sie diese elf türkischen Wörter lernen möchten, machen Sie bitte Ihre Augen elf Minuten zu.

Prompt treten zweiunddreißig
In Buchstaben verwandelte Schwertfische vor
Kommandiert von einem pompösen Oktopus
Zum Appell.
Sie bauen ein Wort:
Bundeswehrdienstleistungszentrum
Sie sind schon weggetreten
Aber ganz schnell.

Oh! Noch eine Buchstabenchoreographie,
Ein atemberaubendes Wort, mit 49 Buchstaben:
Kraftfahrzeugreparaturwerkstattmechanikerlehrling –
Araba tamir öğrencisi.

Ich tauche
In den Ozean
Wie eine Forscherin
Von Buchstabe zu Buchstabe
Luftbläschen wie Glasperlen
Die meine Lippen blasen
Erschrecken leider
Die Krabben in den Algen.

Ich schwimme um die
Buchstaben rum
Überrascht wie noch nie
Von der unendlichen
Buchstabensinfonie

Nähseide – İbrişim
Makrele – Uskumru
Zucker – Şeker
Ruckzuck – Şipşak
Glocke – Çıngırak

Lächeln – Tebessüm
Küsschen – Öpücük
Schönes Outfit – İki dirhem bir çekirdek

Ich halte Dutzende
Buchstaben
In meinen Händen
Ich suche sie aus wie ich's möchte
Streichele sie wie ich möchte
Ich halte die Buchstaben fest
Sie verströmen ein Gefühl
Der Sicherheit
Das gehört dazu
Die Freiheit!

Ich tauche tief
In den Ozean
Dieses Mal schwimme
Ich den schüchternen Seepferdchen hinterher
Die in ein
Entzückendes Ü verwandelt sind
Sie veranstalten
Einen Tanz
Auf Drehposition
Um mich herum
Im Tempo
Von Ravels Boleros:
Tam ta ta ta tam!

Ich höre
In meinem Hinterkopf
Eine Rohrflöte
Da drehen sie sich
Die Seepferdchen
Wie die tanzenden Derwische

Wieder ein
Schneller Rhythmus
Zitternd tanzen
Die Seepferdchen
Den Tanz
Von der Schwarzmeerküste

Es gibt Ü-Wörter
So viele wie noch nie!

Übel – Fena
Überblick – Kuşbakışı
Überglücklich – Çok sevinçli
Überempfindlichkeit – Alınganlık
Überschallgeschwindigkeit – Süpersonik hız

Drei – Üç
Dritte – Üçüncü
Ungefähr – Üç aşağı beş yukarı
Religionsgemeinschaft – Ümmet
Falschspieler – Üçkağıtcı
Erschreckend – Ürkütücü
Kultur – Kültür
Weintrauben – Üzüm
Weintraubenverkäufer – Üzümcü
Turteltaube – Üveyik
Kehle – Ümük

Ein Hahn auf der Dachspitze:
Kiki ri kiiiiii – Auf Türkisch: Üü rü üüüüüü

Ich schwimme
In den Ozean der Buchstaben
Ein Delphin taucht auf
Springt in die Höhe! Wie himmlisch!
Ich tauche hinterher
Vom Dunkelblau zur Helligkeit

Zu den sieben Farben
Durch das sprudelnde Wasser
Zwei in den Buchstaben M verwandelte Aale
Halte ich in meinen Händen
Zwei Möwen, mit schallendem Gelächter
Fliegen wie Düsenjäger
Flach ins Wasser
Schnappen nach den Aalen

Ich öffne meine
Augen, liege in meinem Bett
Meine Haare sind noch nass
Und riechen nach Jod

Es war alles nur ein Traum
Oder doch die Wahrheit?
Der Geschmack von Salz auf meinen Lippen
Führt zur Klarheit.

Die schwarzen Oliven

Eine Erzählung

Auch den Himmel plagt dieser graue, regnerische Herbsttag. Ich richte den Notenständer vor dem Fenster mit dem Blick auf den Hof aus und platziere die Fußstütze am Boden. Dieses Ritual erfüllt mich mit Nostalgie und lässt Geborgenheit in mein Herz strömen. Ich spiele meine Laute und genieße ein Präludium türkischer Kunstmusik: Segâh Peşrevi, das der legendäre Komponist Neyzen Yusuf Paşa geschrieben hat. Er lebte von 1820 bis 1884 in Istanbul. Der Klang des Stückes ist so herzergreifend, dass ich anfange, von Note zu Note intensiver zu träumen und mich in Istanbul wiederfinde. Was für eine wunderbare Illusion! Unter den Sonnenstrahlen laufe ich durch die wimmelnde Menschenmenge und lausche den Stimmen der Straßenverkäufer. Um die Sirene der Fähre scharen sich Möwen mit Geschrei. Es duftet nach gerösteten Esskastanien. Ich eile hinaus aus einer mit Pflastersteinen gedeckten Gasse, vorbei an einer Menschentraube an einer Bushaltestelle und erblicke in jedem Winkel eine neue Baukultur mit vielen Teegärten.

Ich mache Halt vor der Kuşkonmaz Moschee im Stadtteil Üsküdar, an dessen Rand sie sich befindet, und kaufe mir einen Sesamkringel, dessen Duft ich tief einatme, bevor ich hineinbeiße. Wie immer betrachte ich die Moschee und halte meine fliegenden Haare entzückt fest, die gerade vom Wind gestreichelt werden. Der Name der Moschee Kuşkonmaz bedeutet wörtlich übersetzt »Vögel landen nicht«. Und tatsächlich setzen sich auf der Moschee keine Tauben oder Möwen nieder, sei es wegen des starken Windes, sei es wegen der Baukonstruktion. Irgendwo schlägt ein Uhrtürmchen zehn Mal. Die Sonne versteckt sich zu meinem Abschied hinter den Wolken, als meine Hand die letzten Noten schlägt, und ich beende meine außergewöhnliche Wanderung mit dem Schweigen der Laute und bin wieder in Frankfurt.

Aus dem halb geöffneten Fenster erreicht mich ein Duft von Vanille und Zimt vom Nachbarn, der sich auf die Weihnachtszeit eingestimmt hat. Ich sehe ein Eichhörnchen eifrig in einem Baum klettern, so dass zwei Tauben sich vom Wipfel erheben. Mein Blick wandert vom Fenster zum Notenständer und bleibt in der Mitte des Präludiums in einem Vierteltakt-Schweigezeichen hängen. Ich versinke in die Vergangenheit.

Warum sind sie denn eigentlich weggegangen?, fragte ich mich an einem Herbsttag 1971 in Ankara. Ich war beim Militärgeographischen Amt als Kartographin beschäftigt. Fünf Kollegen waren innerhalb von vier Wochen nach Deutschland gegangen. Sie hatten gesagt, dass sie ein bisschen Geld verdienen wollten »und dann kommen wir wieder zurück«. Wie ich erfuhr, schienen sie in Dortmund in einem Ingenieurbüro als Kartographen Stellen bekommen zu haben. Ein paar Wochen später gingen zwei Kollegen mit ihren Familien nach Australien, und Selma, eine Freundin, beendete gerade ihr Archäologiestudium und hatte sich nach Holland beworben.

Die Türken waren vor tausend Jahren ein nomadisches Reitervolk, das im westlichen Gebiet des heutigen China gelebt hatte. Meine Gene haben mich wahrscheinlich gedrängt, auf einmal Fernweh zu bekommen, denn ich beschloss ebenfalls, nach Deutschland auszuwandern. Ich muss gestehen, in diesem jungen Alter fühlte ich mich als etwas Besonderes. Jeder Mensch hat eine taumelnde Seite in sich. Manche halten sie in sich versteckt bis in alle Ewigkeit. Ich allerdings wollte meine ausleben. Die Neuigkeit, dass ich ins Ausland gehe, überraschte meine Eltern und auch meinen Bruder. Mein Vater sagte: »Du kannst dein Leben alleine meistern. Wir vertrauen dir, du schaffst es sogar bis nach China, wenn du willst!« Er war auch aus Griechenland in die Türkei eingewandert.

Ich wollte die Welt sehen. Ich wollte die kommenden Tage und Nächte wie ein unendliches Musical erleben, oder einer Abenteurerin gleich auf Entdeckungsreise gehen. Ich suchte jemanden, der mir eine Bewerbung auf Deutsch schreiben konnte. Mein Freund, der in Deutschland studiert hatte (Ironie des Schicksals), schrieb sie mir mit Tränen in den Augen für ein Ingenieurbüro in Dortmund. Als ich meine Unterschrift daruntersetzte, fragte er mich, ob ich es mir gut überlegt hätte. »Es tut mir leid. Damit verlasse ich dich. Es gibt keine ewige Liebe«, antwortete ich. Die Antwort auf die Bewerbung, die ich als Eilbrief nach Deutschland geschickt hatte, kam zwei Wochen später. Darin schrieb der Arbeitgeber, dass eine Kartographenstelle im Ingenieurbüro frei sei. Ich bekäme bald ein Flugticket zugeschickt, mein Verdienst sei gut und in vier Wochen solle ich anfangen. Ein möbliertes Zimmer für 20 Mark im Monat sei schon für mich bereit.

Mein Freund übersetzte zwar alles, doch las ich es mir selbst auch einmal laut vor, ohne ein Wort zu verstehen. Ich hatte den Eindruck, die deutsche Sprache sei so ausdrucksstark und mit hartem Klang wie ein zur Arbeit rufendes Signal. Plötzlich bekam ich Angst. Wie würde ich mich dort verständigen? In der kurzen Zeit lernte ich nur die zwei Worte »danke« und »bitte«. Aufgeregt packte ich meine Koffer. Langspielplatten, Bücher und Kleidung fanden ihren Platz in ihnen. Ein dickes Langenscheidts Taschenwörterbuch »Türkisch – Deutsch, Deutsch – Türkisch« nahm einen Ehrenplatz in meiner Handtasche ein.

Vor dem Abflug am 16. Oktober 1971 war es nicht leicht, von meiner geliebten Familie und Freunden Abschied zu nehmen. Am Flughafen Esenboğa bestieg ich das Flugzeug, das mich zunächst nach Istanbul bringen sollte. Ich saß ganz hinten auf Sitz 25 C, als kurz nachdem die Flughöhe erreicht war, der Flugkapitän, die Passagiere links und rechts begrüßend, auf mich zukam. Er war Ende vierzig und sehr adrett gekleidet: Es war unser Nachbar Enver Türker. Seine Frau war mit meiner Mutter befreundet. Er setzte ein strahlendes Lächeln auf und sagte ganz laut: »Das gibt's doch nicht! Was machst *du* denn hier?« Ich erzählte ihm alles. Später kam eine Stewardess und nahm mich mit ins Cockpit: »Auf Wunsch des Flugkapitäns.« Da ich zum ersten Mal flog, war ich ziemlich erschöpft von der Flug- und Höhenangst, die mich gepackt hatte, dennoch folgte ich ihr wankend in den vorderen Teil des Flugzeugs.

Den Moment, als ich das Cockpit betrat, werde ich nie vergessen. Wegen der grandiosen Aussicht stockte mir der Atem. Das sich unter mir ausbreitende Panorama war überwältigend.

Ich saß hinter dem Flugkapitän, starrte auf die beeindruckende Technik von Kabeln und Lämpchen und lauschte dem Piepen des Funkgeräts. Beschwipst vom Blick auf das Gebirge und die unendlichen Wolken am Horizont, nahm ich einen Schluck von meinem Orangensaft. Ich befand mich wirklich zwischen Himmel und Erde, und dies blieb mir immer als ein besonderes Ereignis in meinem Gedächtnis.

Nachmittags flog ich von Istanbul nach Frankfurt weiter. Die Sicht auf die Wälder vor der Landung war fantastisch. Von Frankfurt aus nahm ich den D-Zug nach Dortmund, den ich noch in letzter Minute erreichte. Während der Fahrt schaute ich neugierig links und rechts aus dem Fenster. Trotz des grauen Himmels beeindruckten mich Main, Rhein und die Burgen bei Koblenz sehr. Um zweiundzwanzig Uhr dreißig erreichte mein Zug den Dortmunder Hauptbahnhof. Mit zwei Koffern in den Händen sah ich viele Menschen, die mit ihrem Gepäck hin und her rannten. Die Luft roch nach Fett und Curry, und mir schallten von den Gleisen her Lautsprecheransagen entgegen, mit denen man bestimmt über Ankünfte und Abfahrten informierte, die wiederum durch schrille, befehlende Pfiffe der Schaffner in die Wege geleitet wurden. Ich lief los, mal hier mal da vorbei an Gruppen von ausländischen Männern und Jugendlichen, deren bunt gefärbte Haare mich faszinierten. Ich schaute noch einmal über die Schulter und stolperte über einen am Boden liegenden Obdachlosen. Die Kälte drang tief in mich ein, und ich ärgerte mich über meine Kleidung. Einen schwarzen Pullover, Minirock, Netzstrumpfhose, kniehohe Stiefel und darüber nur einen langen, braunen Strickmantel anzuhaben, war für diese eisige Nacht idiotisch.

Auf Englisch bat ich einen Schaffner, mir weiterzuhelfen. Der nette Mann begleitete mich bis zum Zug, der nach Mengede fuhr. »Please stay close to the door, you will exit the train in 7 minutes«, sagte er mir kurz vor der Abfahrt. Als ich schließlich ausstieg, sah ich in der Dunkelheit des kleinen Bahnhofs, dass ich ganz allein war. Ich schaute dem Zug nach, dessen letzter, rot beleuchteter Waggon wie eine schlingernde, riesige Schlange in einer Kurve verschwand. Am Gleis gegenüber ragte eine gigantische Leuchtwerbung auf. Auf ihr sah man einen alten Mann mit Hut, der in der Nacht unter Halbmond und Sternen rauchte und Schafe zählte. Ich las »Baldriparan stark für die Nacht«. Ich hatte keine Ahnung was das heißen sollte. «Bestimmt Tabletten für die Sehkraft oder so«, dachte ich.

Von links eilten zwei ehemalige Arbeitskollegen, Leman und Ali Fuat, die sechs Monate zuvor weggegangen waren, auf mich zu. »Sag mal, warum stehst du denn da hinten rum, suchst du ein Abenteuer oder was?«, riefen sie mir lachend entgegen. Jubelnd fielen wir uns in die Arme. Auch ihnen hatte ich einen Brief geschickt. Wegen der Kälte hatten sie in der Bahnhofswirtschaft gewartet und noch ein Bier getrunken. Deshalb waren sie ein wenig spät gekommen, um mich abzuholen.

Dann waren wir endlich in meinem neuen Zuhause, einem Altbau mit vier Stockwerken. In einem muffig riechenden Flur im zweiten Stock stellten wir die Koffer ab. »Es tut uns leid, dass wir uns nicht darum kümmern konnten, dein Zimmer steht leer und hat noch keine Möbel«, bemerkte Leman etwas traurig. »Wir konnten nichts sagen, weil wir die Sprache noch nicht so gut beherrschen. Aber heute Nacht kannst du bei mir auf der Couch schlafen.«

»Sag mir, bitte, in welchem Stock er wohnt«, erwiderte ich verärgert.

»Wer?«, fragte sie.

»Der Chef, der ›Big Boss‹«, antwortete ich.

»Den kannst du nicht stören um diese Uhrzeit«, sagten sie beunruhigt.

»Ich möchte aber!«

In der ersten Etage, vor einer glasgrünen Tür, las ich seinen Namen, und ich hörte meine innere Stimme: »Ganz ruhig, aktiviere deine grauen Zellen in deinem Hinterkopf wegen deines Schulenglisch, klingele bitte sofort bei diesem Mann, den du nie in deinem Leben gesehen hast, den du nur durch die Bewerbung kennst und dessen Lohnvorschlag du so verlockend fandest. Du wirst ihn jetzt kennenlernen, also, klingele jetzt!« Erstaunt merkte ich, dass ich anfing, an der Situation wilden Spaß zu empfinden. Mit festem Druck klingelte ich. Ein Mann um die fünfzig, mit großen blauen Augen, roten Haaren und Halbglatze öffnete mir die Tür: »Ja, bitte?«

»Good evening, Sir. Hm. Sorry to disturb you at such a late hour. I am Miss Günalp, I just came from Turkey. As you described äh in the letter, I am going to start working tomorrow and you said you had a furnished room ready for me, but it's empty.«

»Äh«, meinte Big Boss. »Hmm. I am very sorry, I don't know how this could happen because I told the Hausmeister. Der hat's bestimmt verplempert. Äh, you stay in the hotel tonight, tomorrow it is going to be okay.«

Ich: »Danke.«

Big Boss: »Bitte.«

17. Oktober 1971

Mein erster Arbeitstag im Büro, das sich direkt unter meiner Wohnung befand, war sehr aufregend. Wir hatten eine Gruppenleiterin, sieben Lehrlinge und vier Kartographen, darunter Leman, Ahmet und Bilal. Die Zeichnungen fertigten wir mit Graphos-Federn an. Nach und nach bekam ich mehr Karten zum Zeichnen und erfuhr, dass es sich bei den Auftraggebern um Landes- und Stadtvermessungsämter sowie die Bundesbahn handelte. Im Büro war es sehr ruhig, nur das Radio war an, doch ich verstand nichts von dem, was gesagt wurde. Vormittags spielten die Lehrlinge in der Kaffeepause Skat. Wenn sie sich unterhielten, hörte ich sie ständig sagen: »Kein Bock!« Was meinten die bloß damit? »Kein Bock.« Was war das denn?

In der Mittagspause ging ich raus, um zu schauen, ob die Sonne schien. Nein, der Himmel war grau. Von der Sonne keine Spur.

10. November 1971

Ich hopste die Holztreppe hinunter ins Büro und begegnete Big Boss. Ich begrüßte ihn mit einem »Good Morning!« »Schönen guten Morgen«, antwortete er mir. »Äh, hmm. Sie müssen Deutsch lernen.« Natürlich wollte ich Deutsch lernen. Ich hatte mich erkundigt, ein Vormittags-Intensivkurs kostete 800 Mark, das war zu teuer, und ich arbeitete acht Stunden am Tag. Wann sollte ich die Zeit für einen Kurs finden? Ich hatte mir ein paar Bücher besorgt, mit denen ich zu Hause lernen wollte.

Nach Feierabend machte ich mir ein Spinatomelette türkischer Art zum Abendessen. *Zuerst wasche man ein Pfund Spinatblätter acht Mal. In einem kleinen Topf 125 Gramm Nudeln zum Kochen bringen. In der Bratpfanne zwei Esslöffel Öl erhitzen, zwei klein gehackte Zwiebeln hinzugeben und anbraten. Als nächstes kleingeschnittene Tomaten beifügen und schließlich die Spinatblätter unterrühren. Den Deckel schließen. Nach dreißig Minuten Kochzeit die gekochten Nudeln in die Pfanne hinzugeben. Gewürzt wird mit einem halben Teelöffel schwarzen und roten Pfeffer, einer Prise Cayennepfeffer, Muskat und etwas Salz. Zum Schluss zwei Eier drüber schlagen und sogleich den Deckel der Pfanne schließen.* Fünf Minuten später öffnete ich den Deckel und die Eidotter glänzten wie Aprikosen. Es schmeckte lecker. Ich kochte mir Tee und paukte Deutsch. Das Buch hatte den Titel »Deutsch für Ausländer«.

Auf der ersten Seite las ich mir laut vor: »Ist das rot? – Ja, das ist rot. Ist das blau? – Ja, das ist blau.« Daneben standen Kästchen mit bunten Farben. »Ist das blau? Nein, das ist nicht blau.« Eine Hand zeigte mit dem Zeigefinger auf ein rotes Kästchen. »Das ist rot.« Ich fing an zu kichern, weil ich mich fühlte, als sei ich sechs Jahre alt. Auf der nächsten Seite waren in fünf Kästchen fünf hörende, sprechende, singende, lesende und schreibende Menschen abgebildet.

»Wir hören. Wir hören Deutsch. Wir hören hier Deutsch.

Hören wir auch in Deutschland Deutsch?- Ja, wir hören in Deutschland Deutsch.«

Und so setzte es sich mit den anderen Verben fort. Die nächste Seite:

»Der Vater, der Großvater, der Onkel

›*der*‹ ist männlich (m)

Der Vater ist männlich. Der Vater, der Großvater und der Onkel sind männlich. Karl, Hans und Günter sind auch männlich.

Die Mutter, die Großmutter, die Tante

›*die*‹ ist weiblich (w)

Die Mutter ist weiblich. Die Großmutter ist auch weiblich. Die

Mutter, die Großmutter und die Tante sind weiblich. Maria, Helga und Inge sind auch weiblich.

Das Haus, das Tier, das Bett

›*das*‹ ist neutral (n)

Das Haus ist neutral. Das Tier ist neutral. Das Bett ist neutral.

Ist *das* Karl? – Ja, *das* ist Karl. Ist *das* Helga? – Ja, *das* ist Helga.«

Ich glaubte, mein Kopf würde mir explodieren. War Helga nicht weiblich? Schluss für heute!

Durch das geöffnete Fenster schaute ich auf das verlassene Fabrikgebäude direkt gegenüber und hörte dabei mit voller Lautstärke meinen Lieblingsrocksänger Cem Karaca auf LP.

Sevda kuşun kanadında

Dağbaşında rastladım
aksakallı birisine
Bin yıllık bir halıya bin
yıldanberi
Bağdaş kurmuş bir çınar
gibiydi
Sordum ona »Aşk ne ustam
hayatın sırrı ne,
Tepeden tırnağa aşığım ben
Ve koskoca bir hayat var
önümde.«

»Sevda kuşun kanadında
Ürkütürsen tutamazsın
Ökse ile sapanla vurursun da
saramazsın
Hayat sırrının suyunu
Çeşmelerden bulamazsın
Ansızın bir deli çaydan
içersin de kanamazsın«

Die Liebe sitzt auf den Schwingen eines Vogels

Auf einem Berggipfel begegnete ich einem Weißbärtigen
Er war wie ein Platanenbaum, der auf einem tausendjährigen Teppich
Seit tausend Jahren im Schneidersitz weilt.
Ich fragte ihn:
»Meister, was ist die Liebe, was ist das Geheimnis des Lebens?
Ich bin von Kopf bis Fuß verliebt,
und ein riesengroßes Leben erstreckt sich vor mir.«
»Die Liebe sitzt auf den Schwingen eines Vogels.
Wenn du ihn erschreckst, kannst du ihn nicht fangen,
selbst mit einer Schleuder kannst du ihn nicht erfassen.
Das Wasser der Geheimnisse des Lebens
kann man in keinem Brunnen finden.
Du kannst aus einem sprudelnden wilden Bach trinken,
aber deinen Durst wirst du nicht stillen.«

Diese traumhaft schöne Ballade berührte mich. Danach lauschte ich lange Zeit der Stimme der Leere.

12. November 1971
Was für ein Hammer! Der Big Boss kam heute ins Büro herein. »Sie fangen ab sofort einen Deutschkurs in der Sprachschule an, zwei Mal in der Woche. Die Gebühren übernehme ich.« Natürlich antwortete ich: »Danke.«

15. November 1971
An diesem Abend waren wir sechs Türken in unserem ersten Deutschkurs. Ali Fuat, Bilal, Şinasi, Şükrü, Leman und ich. Er fand in einem Hochhaus statt. In dem ziemlich großen Raum erwartete uns bereits der Lehrer, ein freundlicher, schöner junger Mann namens Frank mit schulterlangem, blondem Haar. Er hatte seinen Hund Anton mitgebracht, der ein goldbraunes Fell besaß. Nachdem Frank sich vorgestellt hatte, waren wir an der Reihe. Sehr aufgeregt und höchst konzentriert brachte ich meine ersten Wörter hervor:

»Ich heiße Ayla, ich bin sechsundzwanzig Jahre alt, mein Beruf ist Kartographin, ich bin seit sechs Wochen in Deutschland.«

Frank verteilte danach den Lehrstoff. Das Buch, mit dem wir lernen sollten, war grün und hatte den Titel »Türkler için Almanca – Deutsch für Ausländer – *Ausgabe für Türken.*« Auf der ersten Seite gab es eine Einleitung auf Türkisch und auf Deutsch:

»Dieses Lehrbuch hat, wenn man es genau nimmt, mehr als nur zwei Autoren: sechs Sprachlehrer verschiedener Muttersprachen haben es in langen, oft schwierigen Beratungen und Überlegungen erarbeitet. Sie legen nun je eine Ausgabe für Griechen, Italiener, Jugoslawen, Spanier und Türken vor.«

Lektion 1: Das Zimmer

»Hier ist das Zimmer, es ist groß. Im Zimmer ist der Tisch. Unten ist der Fußboden, und oben ist die Decke.« – »Ist hier der Tisch?«, fragte uns Frank. Wir mussten alle mit unsicherer, zitternder Stimme antworten. »Ja, hier ist der Tisch.« Ich traute mich nicht zu sagen: »Und der Anton, der schläft unter dem Tisch.«

In jedem Text wurde eine Redewendung vorgestellt:

»Es ist aus.«

»Das ist alles.«

»Was ist los?«

Ich war mit Lesen dran, als Frank plötzlich ganz laut seine Nase putzte. Erschrocken fragte Leman auf Türkisch: »Ne oluyor?« Das hieß übersetzt genau das, was ich gerade vorlas: »Was ist los?« Darüber mussten wir alle lachen. Frank merkte sich den Satz, und wenn wir in Zukunft etwas falsch aussprachen, lachte er und fragte: »Noluyo?«

29. November 1971

Die Sonnenlosigkeit und Sprachlosigkeit machten mir zu schaffen. Zwei Mal am Tag schaute ich in den Briefkasten, um zu sehen, ob mir jemand einen Brief geschickt hatte. Aber niemand hatte geschrieben. Ich ging weiterhin tüchtig in den Deutschkurs, doch das Lernen fiel mir schwer. Ich war von Kopf bis Fuß auf Grammatik eingestellt, aber es klappte nicht. Die deutsche Sprache ist wie ein Puzzle, dessen Lücken nur durch Artikel gut gefüllt werden.

Nach dem Kurs gingen ein paar Kursteilnehmer und ich in die Kneipe und tranken Dortmunder Union Bier und Asbach Uralt. Aus der Musikbox schallte Volksmusik. Ein Sänger namens Heino mit einer kräftigen Stimme gefiel uns sehr gut. Ein Lied, das wiederholt gespielt wurde, handelte von einem Ozean oder Ezian oder sowas.

2. Dezember 1971
Wieder einmal rannte ich hinunter zum grünen, rechteckigen Briefkasten und stellte mir vor, dass er Pandoras Büchse wäre und ich der Hoffnung die Freiheit schenkte. Ich jubelte, weil der Briefkasten voll war. Ach, das ist herrlich, Briefe zu bekommen. Herr Bonacker von nebenan schlenderte vorbei. »Na, haben Sie Briefe aus ihrer Heimat?« Er war Berufspilot und flog mit einer einmotorigen Cesna für Luftaufnahmen. »Nett, der Bursche«, dachte ich und rannte die Treppe hoch in den dritten Stock in mein Zimmer und las meine Briefe leidenschaftlich.

Eine beste Freundin schrieb:

Ankara, November 1971

Meine Liebe,
danke für Deinen Brief. Ich stelle mir vor, Du seist eine Seidenraupe, die ihren Kokon verlassen hat. Der Faden des Kokons hat sich von der Türkei nach Deutschland erstreckt. Ich wünsche Dir, dass Du dort in Deinem neuen Leben nur schöne Ereignisse in diesen Seidenfaden hineinweben kannst. Ich vermisse dich.
Deine Freundin
Gülümser

Sie war eine treue Brieffreundin und schrieb mir jahrelang aus Ankara nach Deutschland. Vor vier Jahren starb sie an einer unheilbaren Krankheit.

20. Dezember 1971
Deutsch für Ausländer
Im Betrieb:
Ahmet ist vor zwei Jahren aus der Türkei nach Deutschland ge-

kommen. Am ersten Tag hat Ahmet bei dem neuen Arbeitgeber viele Dinge erledigt. Im Personalbüro hat er seine Lohnsteuerkarte, seine Versicherungskarte und seine Arbeitserlaubnis abgegeben, und er hat den Arbeitsvertrag unterschrieben.

Höflichkeitsregeln:
Wenn jemand ein Bekannter ist, rufe man ihn oder sie »Herr Bender«, »Frau Fischer« oder »Fräulein Weber«. Wenn jemand nicht bekannt ist, so ist die Anrede »Mein Herr«, »Meine Dame« oder »Meine Herrschaften«.

Wenn Sie in der Straßenbahn jemandem auf den Fuß treten, so sagen Sie »Verzeihung!« oder »Entschuldigung!«. Die Person, der Sie auf den Fuß getreten sind, wird Ihnen antworten mit »Das macht nichts« oder »Schon gut«.

Ankara, Dezember 1971

Ayla, wie geht es Dir? Hast Du gelernt, allein zu sein? Was machst Du denn da in diesem kalten Land mit den kühlen Deutschen? Ach, Du Arme, kannst Dich noch nicht mal verständigen. Komm bitte zu uns zurück.
Deine Nurdan

15. Februar 1972
Unser Kollege Ahmet erzählte uns in der Kaffeepause von seiner Freundin. Annabel wohnte in Herne, wo sie zufällig einen türkischen Lebensmittelladen entdeckt hatte. Leman und ich stießen einen Schrei aus: »Woooo?« Wir fingen an, Ahmet anzubetteln, dass er uns hinfahren solle. »Du kriegst auch das Benzingeld«, beschworen wir ihn. »Hmmm, naja...«, zog er uns auf. »Das muss ich mir noch mal überlegen, eigentlich hab ich keine Zeit.« Er war so gemein. Schließlich erbarmte sich Ahmet an einem Samstag, uns mit seinem VW Käfer nach Herne zu fahren. In dem türkischen Geschäft deckten wir uns mit den so vermissten Lebensmitteln ein. Am Sonntagmorgen hatte ich endlich ein türkisches Frühstück mit schwarzen Oliven und Schafskäse. Ich musste weinen, weil ich merkte, wie sehr mir meine gewohnte Ernährung fehlte.

Mein Blick löst sich vom Vierteltakt Schweigezeichen, macht wieder am Fenster halt, und ich sehe, wie das Eichhörnchen eifrig den Baum verlässt. Zwei Tauben landen wieder auf dem Baumwipfel.

Susanne Czuba-Konrad

Eine junge Autorin

Sie hat keine Angst vor dem Schreiben. Sie sagt, wenn ich an einem Tag zwei Stunden schreibe, brauche ich den ganzen Tag für mich. Kein anderer Beruf kann das Schreiben ersetzen. Die Angst, mit Arbeit zugehäuft zu werden und nicht mehr schreiben zu können, ist größer als die Angst vor dem stillen Tag. Wenn sie die Augen aufmacht, sieht sie die Zimmerdecke und der Tag fängt ganz leise an zu ticken. In den Bettdecken liegt noch der Balsam einer ruhigen Nacht. Dann sitzt sie am Frühstückstisch. Das Teewasser brodelt. Ein Sonnenstrahl dringt durch das Fensterchen an der östlichen Seite. Es ist ihr Tag. Sie isst das Brot langsam. Den ersten Bissen schmeckt sie, den nächsten vergisst sie. Eine schöpferische Kraft bewegt sich hinter ihrem Brustbein und die Energien strömen aufwärts. Erste Wörter und halbe Sätze formen sich zu einem möglichen Gedicht. Noch schreibt sie nicht. Sie geht erst durch die Straßen und erreicht den Park. Das ist der Vormittag. Einige Studenten liegen schon auf den Wiesen und einige Ältere. Die Greise sitzen auf den Bänken. Die junge Schriftstellerin setzt sich zu ihnen. Sie lehnt sich zurück und schließt die Augen. Nein, sie muss die Krümel nicht sehen, die den Spatzen zugeworfen werden. Sie muss nicht sprechen. Gedichtsplitter reihen sich aneinander und formen sich. Die Einsamkeit ist nur ein durchsichtiger Faden, der unter den Zehennägeln mit einer Nadel eingestochen wird und langsam den Körper emporwächst. Das Gedicht schnürt die Brust zu und blockiert den Weg. Der Tag ist still. Am Abend schreibt die junge Schriftstellerin ihren Text, dann steht sie noch am Fenster Richtung Süden und schaut in die Nacht.

Sie liest. Sie steht am Pult. Ein Licht erhellt ihr Gesicht und lässt ihre Kleidung im Halbdunkel verschwinden. Weiß ist ihre Hand, die das Manuskript umblättert. Drei Seiten, noch ungedruckt, aber im Hintergrund unter den Köpfen, die sie nur als

Schattenrisse sieht, ist ein Journalist. Nach der Lesung Applaus. Fremde Frauen sind da, die sich um sie scharen, einen Blick wollen oder ein Wort. Die junge Autorin wird durchströmt vom Augenblick.
Sie sind Schriftstellerin.
Sie nickt.
Ich habe schon über Sie gelesen.
Sie nickt.
Ich kenne Sie.
Eine Unterstützerin legt den Arm um sie.

Eine Lesung ist ein Zimmer für sie allein. Draußen die Nacht knirscht. In dem Café, das jetzt kommt, ist es hell. Die fremden Frauen, die nicht zum Tisch gehören, schauen herüber. Die junge Schriftstellerin trinkt einen Sekt. Mit pulsierenden Schläfen sitzt ihre Unterstützerin neben ihr und erhebt das Glas.

Eine Lesung ist eine Sternschnuppe. Fliegt sie über einen hinweg, wünscht man sich etwas und hält den Augenblick fest.

Die junge Autorin war schon erwachsen, als sie mit dem Schreiben begonnen hatte. Schreiben hatte ihr zwar immer etwas bedeutet, aber es war noch nicht der Weg gewesen, den sie verfolgte. Sie lebte in einem Land, in dem die politischen Verhältnisse schwierig waren und dachte daran, nach Deutschland zu emigrieren. Aber sie war sich noch nicht sicher. In ihrer Muttersprache schrieb sie Artikel über die Situation der Frauen und kam mit verschiedenen Zeitschriften in Kontakt. Die ersten literarischen Texte entstanden erst in Deutschland, sie waren in ihrer Muttersprache geschrieben. Die Sprache der Heimat aber war in Deutschland die Sprache einer versprengten Minderheit. In einem Literaturkreis von Emigrantinnen wurde geschrieben und gesprochen. Aber nichts drang über den engen Rahmen hinaus. Im deutschen Sprachraum war die Muttersprache isoliert und tot. Die junge Autorin beschloss, ihre Texte zu übersetzen. In einer Arbeitsgruppe zu dritt versuchten sie es. Aber die Texte begannen sich unter der Übersetzung zu winden und zu drehen. Sie wurden andere. Der Text war nur im Original er selbst. Beim

Übersetzen kamen neue Ideen. Es waren deutsche Ideen, die zu den ursprünglichen nicht passten. Sie drohten sich gegenseitig die Ellbogen zu brechen. Aus diesem Engpass machte die junge Autorin einen Schritt nach vorn und begann auf Deutsch zu schreiben.

Deutsch ist schwierig für sie. Anfangs konnte sie sich kaum vorstellen, auf Deutsch zu schreiben, das war ihr bewusst, und sie litt darunter. Aber zugleich reizte es sie. Es ist nicht leicht, aber interessant, auf Deutsch zu schreiben. In der deutschen Sprache formuliert die junge Schriftstellerin ein neues und anderes Leben. Indem sie einen Satz anders aufbaut und neue Wörter setzt, erlebt sie auch neu. Über ihre ursprüngliche Identität hat sich eine zweite gelegt. Lebensgewohnheiten, die in die gesprochenen Sätze eingewoben sind, werden durch neue überlagert, die in den Ritzen der Sätze einer anderen Sprache wohnen. In ihrer Muttersprache sagt sie ständig »wir«, denn alles ist sozial, ist familiär. Auf Deutsch sagt sie öfter »ich«. Die Deutschen, findet sie, leben viel vereinzelter. Das schlägt sich in ihrer Sprache nieder.

Es bedeutet eine jahrelange Arbeit, bis sie sich im Deutschen beweglich genug vorkommt. Allmählich entdeckt sie den Hintergrund der Sprache, aber es sind immer noch Einschränkungen da. Ein Vorteil dabei ist, dass man die Sprache nicht so selbstverständlich nimmt. Man geht anders mit ihr um. Die junge Schriftstellerin entscheidet bewusst, welchen Ausdruck sie verwendet. Die Deutschen reden in philosophischen Kolloquien, in denen sie Deutsch sprechen, über die Differenz zwischen einem Begriff und dem, was er meint. Für die junge Autorin aus einem fernen Land, die in Deutschland lebt, vibriert diese Fremdheit selbst in jedem deutschen Wort. Wie ein Kind, das auf Strümpfen läuft, bewegt sich die junge Autorin in der deutschen Sprache. Schritt für Schritt erlebt und erfährt sie jede neue Idee, die sich auf Deutsch formt. Sie ist der Meinung, dass ein Erwachsener, der eine fremde Sprache lernt, eine zweite Kindheit erlebt.

Sie braucht noch immer Zeit, wenn sie auf Deutsch schreiben

will. An einem Tag muss viel Platz sein, der Tag muss sich dehnen können, und Raum und Leere müssen sich die Waage halten.

Am liebsten schreibt sie kurze Texte. Kurze Texte sind mit ihrem Leben verwandt. Es gibt keine Geschichten mit einem bestimmten Anfang und einem klaren Ende, denn alles sind Momentaufnahmen.

Mit dem Schreiben erschließt sie sich Welten. Welten, in denen sie sich wohlfühlt, weil sie mehr Möglichkeiten bieten als das reale Leben. Schreiben heißt Gestalten. Schreiben bedeutet das Formen von Augenblicken, die sonst einfach vergehen würden: ohne Gestalt und ohne Ergebnis. Schreiben heißt Entscheiden. Entscheiden für die Personen, über die man schreibt. Manchmal entscheiden die Figuren für sich selbst, und die junge Schriftstellerin folgt ihren Spuren. Es sind die Linien ihrer Handschrift. Ob sie sich einen Roman zutraut? Für einen langen Text braucht sie besonders viel Geduld. Sie muss sich ihrer Hauptfigur anvertrauen und von ihr durch die Wüste führen lassen. Die junge Autorin folgt ihr auf einer noch unbekannten Bahn, und beide hinterlassen ihre Fußabdrücke im Sand, bis der Wind sie verweht.

Zwischendurch kehrt die junge Schriftstellerin in ihre Wohnung zurück. Sie sitzt am geöffneten Fenster und schaut hinaus. Wieder einmal ist es Abend geworden, ein Abend in Deutschland, aber es ist Sommer. Leicht bläst ein Luftzug in die Manuskriptseiten auf dem Küchentisch.

Margarete Gamdzyk

Stolpern

Sie war sprachlos, und das war die Wahrheit. Die Wahrheit, die sie bis jetzt vor sich selbst, irgendwo in sich verbarg wie die sprichwörtliche Leiche im Keller, die keine war, sondern ein lebendiges Wesen, das – von ihr genährt – wie der von bunter Farbmelange umschillerte Auferstandene selbst vor ihr stand, sie angrinste und ihr jede weitere Auflehnung gegen sich verwehrte. Sprachlos.

Gefragt einmal nach ihrer Muttersprache, dem Polnischen, das sie wie ihre Seele verkaufte, als sie die Sprache wechselte, zur neuen Sprache, die sie perfekt beherrschen musste, wenn sie hier leben wollte – keiner hatte ihr jemals die Frage gestellt – wenn sie also hier leben, sprechen, Erfolg haben wollte, musste sie ihre polnische Muttersprache wegschieben, mehr nach hinten, in einen wer weiß wie lange anhaltenden Schatten verschieben und ein knisternd klares Deutsch vorschützen, an ihm feilen und polieren, es anhauchen und mit dem Ärmel trocken rubbeln, es als Schutzschild vor sich her tragen, dieses Fremd-Deutsch.

Und es kommt vor, dass sie stolpert, an Worten, die unaussprechlich für ihre Zunge erscheinen, stolpert wie jemand, der – an die durchgehaltene Ebenheit des Gehsteiges gewöhnt – an einer fünf Millimeter höher gelegten Gehsteigplatte stolpert, hinfällt und in Zeitlupe das Herannahen der Betonplatten beobachtet, die erstarrten Luftblasen in der Betonoberfläche immer unterscheidbarer voneinander wahrnimmt, die bunten Kieselsteine, auch die kleinen, sichtbar werden, deutlicher ihre Strukturen, die Überbleibsel der Fischfossilien aus einer prähistorisch angefüllten Grube, funkelnde Fischschuppenversteinerungsreste, ja, auch die werden immer deutlicher beim langsamen Zu-Boden-Sinken. Bruchteile von Sekunden, plötzlich und unerwartet ins Ewige gedehnt, nähert sich der staubige Gehsteig ihrem Gesicht, der Wange, kalt nach Wind und Erde riechend. So stolpert sie über die ungewohnt aneinander gereihten Worte, die fremd ihrem slawischen Kehlkopf entsteigen im hinkenden Kampf um das Überleben.

Das Knie schmerzt und jemand über ihrem Kopf sagt mit absichtlich schlecht verstecktem Groll und Verachtung, wenn Sie aus Ostpreußen kommen, warum sagen Sie, dass Sie aus Polen kommen, in einer Satzform, die, als Frage getarnt, doch nur eine ausgesprochene Enttäuschung bezeichnen sollte.

Ja, sie komme aus Polen und, ja, sie wisse, es hieß früher Ostpreußen, doch für sie ist es vor allem Masurien, sind es die im Sommer duftenden Kiefernwälder, ist es der von Maiglöckchen übersäte Waldboden, bemoost und mit Heidelbeeren bewachsen. Die kalten sauberen Seen, köstliche Barsche und weißfleischige Krebse darin, die nach pflanzlichem Wasser schmecken, nach Schilf und gelben Teichrosen, nach kreidezeitlichem Sand und Donnerkeilen. Ja, sie komme aus Polen, obwohl ihre Mutter eine Ostpreußin, also Deutsche, oder doch Polin, eine Einheimische sei, und in ihren Adern masurisches polnisch-deutsches Blut fließe.

Dem Nächsten, der sie fragen wird, woher sie komme, dachte sie, werde sie antworten, sie komme aus Masurien, ihrem eigenen kleinen Staat im Nord-Osten des mittleren Europa. Auch dort, natürlich, auch dort stolperte sie einmal über einen mit Staub bedeckten Katzenkadaver, der eher wie eine Erderhebung ausgesehen hatte, weshalb sie auf dem lehmigen Dorfweg hinfiel. Staub zwischen den Zähnen, grüner Gänsekot im Nasenloch. Zwei einem vorbeigehenden Bauern an den Händen baumelnde Fünf-Liter-Milchkannen quietschten rhythmisch, eine links, die andere rechts. Unweit das Rattern einer Brunnenkette.

Die Löcher in den Straßen, Gehwegen, Fußpfaden nach Jahren als Markierungszeichen geadelt, störten sie nicht, auch wenn sie die Gefahr des Stolperns in sich bargen. Diese kleinen Fallen lehrten sie, mit Gefahren zu leben, sie gefielen ihr sogar, und wenn das Gemeindegeld ausreichte, um sie zu stopfen, fehlte ihr etwas, es verwirrte sie.

Man sprach dann von dem »Neuen Weg« oder der »Neuen Straße«, die auf ein Rondell, bepflanzt mit roten Rosen und Tulpen, zuführten. Ihre bordeauxfarbenen Blüten erinnerten an getrocknetes Blut. Patriotisches Rot, dafür war immer Geld vorhanden, die Beete bepflanzt, gejätet, gesäubert, die Erde unentwegt aufgelockert, damit die roten Blüten, die Lebendigkeit des kommunistischen Staates symbolisierend, keinen Mehltau einfingen.

Der Neue Weg, der ebene, mit roten Blumen gekrönt, umsäumt, mit Tränen der Liebe zur proletarischen Bewegung. Jeden Ersten Mai getränkt mit Freudentränen, die auf den Rosenblüten die Farbe des Blutes annahmen. Das Blut schoss den Menschen aus den Augen, wie Rosenblütenblätter, vor Mühe und Liebe für den proletarischen Kämpferstaat; die roten Blüten flogen in die Luft, die weißen Luftballons entwichen aus den unaufmerksamen Kinderhänden. Kindertränen, die hinter den entschwebenden weißen Kugelgeistern vergossen wurden und schnell wieder getrocknet von Papas nach Tabak und Chypre duftendem Stofftaschentuch.

Das Stolpern, die Fremdsprache, deren Duktus ungewohnt neue Zungenbewegungen erzwingt, deren Melodie eine andere Anatomie des Kehlkopfes erfordert, was schwer zu machen ist. Wenn man stimmanatomisch bereits fertig ausgebildet ist, muss sie es hinnehmen, dass sie ungewollt sprachstolpert und missverstanden wird, auch da, wo die Anatomie nicht im Wege steht. Dafür aber die Gewohnheit, der organisch gewachsene Verbund aus Rhythmus und Sprache, Rhythmus, der in das Sprechen hinein geschrieben ist, der durch die nicht an diesen Rhythmus gekoppelten Lautabfolgen auf einmal vergisst, nach dessen Diktat auszusprechen, so dass ein deutscher Zuhörer statt »Obst« das Wort »Papst« versteht und glaubt, eine christlich-katholische Konnotation in ihren Erzählungen über die parteieigenen Schrebergartenanlagen zu vernehmen, in der die Gartenhäuser gerne in Signalrot angestrichen wurden und mit ihren Mini-Datschas ähnlichen Dachhauben in der Tat an den Papst erinnerten.

Oder zumindest an den Heiligen Nikolaus, dessen rote Kutte alljährlich im parteieigenen Kinderhort, nach Naphthalin duftend, heraus geholt wurde und an Herrn Czerwinski übergeben wurde, der jedes Jahr, eine goldene Rute in der Hand, den Kindern parteigesponserte Geschenke überreichte. »Vielen Dank Herr Genosse Heiliger Nikolaus«, sagte das eingeschüchterte Kind artig, ein Knicks, der wollbestrumpfte Popo unter dem eigens dafür auf einer katholischen Strickmaschine gestrickten Minikleidchen.

Ein überzeugter Stolperknicks auf einem Fußballfeld im Wald, etwa anderthalb Jahre später – das eine Bein anwinkeln und eine kleine verschwitzte Hand dem Zweitligisten reichen, in der anderen eine duftlose rote Nelke im grün-weißen Wölkchen aus Schleierkraut. Ein Knicksstolpern, das Spielfeld nach dem Spiel aufgewühlt und vom Regen aufgeweicht, die Sandale rutschte auf einem feuchten Stein aus, der, in einem Erdklumpen versteckt, nicht als eine Gefahr identifiziert wurde. Jetzt die weißen Kniestrümpfe voll brauner Erde, was wird Mutter sagen, es wird wieder was geben, wenn sie nach Hause kommt. Sie wartete und spielte, ging in das alte Haus, in dem die Umkleide für die Spieler war und ahnte nicht, dass auch die Duschräume dort waren. Sie ahnte nicht, dass dort im dampfenden Geplätscher nackte Männer zu sehen waren, die sie bemerkten und sodann ein brummendes Gelächter anstimmten. Sie lief weg, die Kiefernzapfen vor sich herkickend, erschrocken über ihre Neugierde. Am liebsten hätte sie sich in einem der im Wald verstreuten Nazibunker versteckt, aber die waren meistens mit leeren Weinflaschen gefüllt, nach billigem Erdbeerfusel riechend, oder wurden als Toilette benutzt und stanken stechend süßlich gerade in einem so feuchten Sommer wie diesem.

Nein, sie ging in den Wald, dachte sie, tief in den Wald, dachte sie, dass sie tief in den Wald ging, der Vater konnte sie vom Spielfeld aus trotzdem gut sehen, es kam ihr nur vor, als wenn sie tief in den Wald gegangen wäre. Sie glaubte, sich versteckt zu haben, aber das Männerlachen hörte sich immer noch unbarmherzig nah an. Auf einmal war es dann doch verebbt, das Lachen, sie sah ein Eichhörnchen, das an der dünn abblätternden Rinde eines Kiefernstamms trockene Kratzgeräusche erzeugte, sie vergaß es, das Lachen, während sie langsam die Füße am Boden abstellte, damit es nicht erschrickt, das Eichhörnchen, nicht zu schnell wegläuft, die Füße ganz leise und langsam abstellen, die Kiefernnadeln auf dem Boden feucht vom Regen standen ihr nicht knisterbedrohlich im Weg.

Ihre umsichtige Langsamkeit war jedoch vergeblich, das Eichhörnchen sah sie nahen und in abgehackten, wenig grazilen Bewegungen schnellte es hoch, zehn, fünfzig, hundert Meter hoch, was wusste sie schon, wieviel zehn Meter sind, es waren eher hundert.

Sie hörte den gepresst hohen Ton von Vaters Motorradhupe, er hupte zweimal lang, es war ihr Zeichen, sie musste zu ihm. Sie fuhren nach Hause. Nach Hause.

In Szczytno, haha, da haben Sie es, ja, sprechen Sie es aus, und zwar flüssig, haha, ja, das geht nicht, nicht wahr, das haut nicht hin, dieses SZCZYTNO, das ihre siebenundzwanzigtausend Einwohner zählende Geburtstadt ist, ihr damaliges Zuhause, dessen Name, den sie schon früh übte auszusprechen, ihr – ähnlich all den anderen Worten – zur Ausbildung ihrer für die späteren Aussprechnotwendigkeiten anatomischen Kehlkopf-Gaumen-Zungen-Voraussetzungen verhalf. Und als zur Freude der Eltern aus dem L endlich ein R wurde, tauchte dieses R auf einmal auch dort auf, wo es gar nicht hingehörte, und es hieß auf einmal Szrczyrtrno, und weil es so Spaß gemacht hatte, Rokomortywa, was Lokomotive heißen sollte und sich im Polnischen nicht viel vom Deutschen unterscheidet.

Gefragt nach ihrer Muttersprache stand sie ratlos da, schaute diesen Mann an, was geht ihn ihre Muttersprache an, schließlich macht sie sich differenziert in der Fremdsprache verständlich, mehr als das, sie schüchtert die hiesigen Landsleute mit polierten Worten, durchrhythmisierten Sätzen ein, was redet sie denn da, wozu der sprachliche Aufwand, wo man nur nach dem Weg gefragt wird, oder danach, was für eine Suppe heute in der Kantine serviert wird.

Herausgehaucht, herausgespuckt die Worte, die ankerlos dem Noch-Unorganischen entspringen, entwirft sie rational sich selbst den Weg zur Sprache, ihren eigenen Weg zu dieser Sprache, die, wer weiß, vielleicht jetzt schon ihren Herzrhythmus beeinflusst, oder sich ihm ihrerseits bereits unterwirft, um mit diesem Herzschlag, wie mit den anderen zu schwingen, entwirft sie sich einen Weg, einen Herzschlag, einen anderen Körper.

Tuula Greß

Auf der Suche nach meiner zweiten Sprache

Mein erstes Erlebnis mit der Muttersprache stammt aus einer Zeit, als ich sie noch gar nicht verstehen konnte: Ich saß im Gitterbett, daneben stand meine Mutter mit einer anderen Frau, und die beiden unterhielten sich. Ich strengte mich sehr an, um sie zu verstehen, doch das gelang mir nicht. Noch heute weiß ich, wie in mir eine Wut auf die Frauen emporstieg. Gleichzeitig dämmerte es mir, dass ich noch hinter das Geheimnis der Worte kommen würde.

Auch der Klang einer fremden Sprache faszinierte mich schon als Kind. In unserem kleinen Dorf hörte ich nur Finnisch. Umso spannender war es, wenn ich manchmal, unterwegs in einer größeren Ortschaft, ein paar Brocken einer anderen Sprache mitbekam. Es regte meine Fantasie an, einer fremden Sprache zu lauschen und jemanden zu beobachten, der sie sprach. Ich verspürte das Bedürfnis, mich eines Tages in einer dieser fremdartigen Sprachen zu verständigen. Eine außergewöhnliche Begegnung mit Ausländerinnen durfte ich erleben, wenn auch nur als Zaungast, als der Besuch europäischer Schönheitsköniginnen in der nahen Stadt angesagt war. Mit meiner Tante und Schwester stand ich am Bootsanleger eines großen Hotels und wartete gespannt auf die Ankunft des Wasserbusses der »Silberlinie«, mit der die Schönheitsköniginnen kommen sollten. Die jungen Frauen tippelten den Steg herunter mit ihren hochhackigen Schuhen, und ich, etwa zehn Jahre jünger als sie, fand alle ungeheuer elegant und erwachsen. Nicht viele ausländische Wörter bekam ich zu hören. Aber immerhin war unsere eigene Kandidatin auch ein wenig ausländisch, sie stammte aus der schwedischsprachigen Minderheit.

Der Klang der zweiten Landessprache Schwedisch wurde mir durch das Radio schon früh vertraut: schwedische Sätze mit finnischer Betonung. Auch meine Mutter pflegte damals einige Wünsche auf Schwedisch in das Alltagsgeschehen einzuflechten. Sie bat mich zum Beispiel eine Strickjacke anzuziehen und war ganz entzückt, als ich auf Finnisch antwortete, es sei mir nicht kalt, und dadurch bewies, dass ich sie verstanden hatte. Diese Erfahrungen waren zu gering, um mir das Schwedischlernen, das im ersten Jahr auf der Höheren Schule begann, zu erleichtern. Es erforderte ein vollkommenes Umdenken, nach meiner finnisch-ugrischen Muttersprache eine germanische Sprache zu lernen. Im Finnischen gibt es keine Artikel, dafür aber fünfzehn Fälle. Als Englisch ein Jahr später dazu kam, fand ich es schon erheblich leichter, mit einer neuen Sprache anzufangen. Was aber Schwierigkeiten bereitete, war die Aussprache. Finnisch spricht man so aus wie man es schreibt.

In der Oberstufe kamen zwei weitere Sprachen dazu: Deutsch und Französisch. Bei Deutsch fielen mir die grammatikalischen Regeln schwer, und bei Französisch die ganze Sprache, da es aus einer mir völlig fremden Sprachfamilie stammte. Der Frust wurde dadurch etwas verringert, dass ich in Englisch und Schwedisch recht gut war. Die Deutschlehrerin war streng und humorlos, und es war eine Belastung für mich, in einer so freudlosen Atmosphäre fünf Stunden in der Woche Unterricht zu haben. Sie diktierte uns die grammatikalischen Regeln, und alles war übersichtlich und gut erklärt, was zu einem guten Lernergebnis hätte führen können. Ich aber schrieb immer schlechtere Noten bei den Arbeiten.

Als die Sommerferien sich näherten, lud meine Schwester mich nach Deutschland ein. Nach reiflicher Überlegung genehmigten die Eltern mir die Reise. Von dem Zeitpunkt an fieberte ich dem Abfahrtstermin entgegen: Es würde meine erste Auslandsreise werden, nicht einmal in Schweden war ich gewesen. Als der Abreisetag kam, fuhr mich mein Bruder zum Bahnhof, und ich musste ständig mit einem Kloß im Hals kämpfen. In Helsinki fand ich problemlos den Weg zum Hafen nach der Skizze, die mir mein Vater gezeichnet hatte.

Auf dem Schiff entdeckte ich zu meiner Erleichterung zwei

Mädchen aus der Parallelklasse. Ich erfuhr, dass sie zu Ferienjobs in einer kleinen Stadt unterwegs waren, und dachte, die beiden hätten es gut, da sie schon fünf Jahre Deutschunterricht hatten, ich dagegen erst ein Jahr. Deshalb machte ich mir wieder mal Sorgen darüber, wie ich zurechtkommen würde, wenn meine Schwester nicht dabei wäre. Sie hatte mir jedoch zugesichert, dass jeder in Deutschland Englisch könne, und so hatte ich meine Bedenken in den Hintergrund gedrängt. Ich genoss die sonnigen Tage auf dem kleinen Schiff und empfand die direkte Fährverbindung von Helsinki nach Travemünde als reinen Luxus. Meine Schwester hatte noch mit Fähren und Eisenbahn über Schweden und Dänemark nach Deutschland reisen müssen.

Meine Mutter hatte schon als Schulkind vom Rhein geträumt, und später lernte sie etwas Deutsch. Für meine Schwester war Deutsch das Lieblingsfach in der Schule gewesen, und sie hatte ebenso für das Land geschwärmt. Mit dem Wunsch, von Mutter und Schwester angesteckt zu werden, kam ich in Bad Nauheim an. Das Zuhause meiner Schwester und ihrer Familie war ein Kurhotel. Dort bekam ich ein kleines Zimmer unter dem Dach. Täglich ging ich mit drei kleinen Kindern im Kurpark spazieren, passte auf, dass sie nicht zu nah an den Teich gerieten oder Kurgäste umrannten. Wenn dieses jedoch zu passieren drohte, versuchte ich sie zur Räson zu bringen mit dem Satz: »Nein, nicht so!«

Oft erkundete ich die Stadt allein zu Fuß und lernte sie etwas kennen. Die schönen Gebäude und der üppige Kurpark beeindruckten mich, aber gleichzeitig wirkte die Stadt künstlich und fremd auf mich. Wenn ich mich auf Englisch nach dem Weg erkundigte, bekam ich irgendetwas auf Deutsch zur Antwort. Diese Erfahrung hielt mich davor zurück, nach Frankfurt zu fahren. Auch wurde ich manchmal um Auskunft gebeten und hatte mir dafür einen Satz parat gelegt: »Ich bin ein Fremdling.«

Einmal suchte ich nach einer Glückwunschkarte zur Vermählung meines Bruders. Die Verkäuferin in dem Schreibwarenladen mochte ich nicht fragen, sondern blätterte die verschiedenen Kartenkästchen durch. Am Ende kam ich zu dem Schluss, dass die Karten mit »Hochzeit« die richtigen sein müssten. Die Wörter hoch und Zeit kannte ich, und mit den beiden in Kombination könnte man, dachte ich, dieses besondere Ereignis beschreiben.

Die Umgebung von Bad Nauheim lernte ich bei Ausflügen mit der Familie kennen. Ein Kontrast zu der weiten grünen Landschaft mit nur wenigen Bäumen waren enge Ortschaften, an deren Hauptstraßen die Häuser dicht an dicht und etwas düster standen.

Für den weiteren Deutschunterricht in der Schule hatte ich vor der Reise eine Entscheidung getroffen: Um mit der Lehrerin in Zukunft zurechtzukommen und die Stunden ohne ein mulmiges Gefühl im Bauch zu überstehen, musste ich in dieser Sprache gut werden. Für den Zweck hatte ich mein Deutschbuch und Grammatikheft mitgenommen und büffelte eifrig im Dachkämmerchen. Im Lehrbuch lernte ich einige Kapitel im Voraus und paukte die grammatikalischen Regeln. Die Liste mit Präpositionen, die sowohl mit Dativ als auch mit Akkusativ benutzt werden – an, auf, hinter, in, neben, über, unter, vor, zwischen –, beherrschte ich jetzt genau so wie die Regel, dass Substantive mit der Endung -ei, -heit, -keit, -in, -schaft, -ung feminin sind. So öffnete sich der Knoten, und nach dem etwa sechswöchigen Aufenthalt im Land war mir die Sprache vertrauter geworden. Aber ich verspürte kein Bedürfnis, eines Tages für längere Zeit wieder zu kommen. Deutschland hatte ich »abgehakt«.

Im neuen Schuljahr lief es so, wie ich es geplant hatte. Ich schrieb gute Noten bei den Deutscharbeiten, und so blieb es bis zum Ende der Schulzeit. Anerkennung gönnte mir die Lehrerin jedoch nicht, nicht einmal, als ich bei der freiwilligen schriftlichen Prüfung im Abitur die Bestnote Laudatur bekam. Das schmälerte meine Freude jedoch nicht.

Als die Schule zu Ende war, wollte ich eine Auszeit nehmen und diese dafür benutzen, meine Englisch- und Schwedischkenntnisse zu verbessern. Ich fing mit dem Naheliegenden an und fuhr nach Stockholm, um in einem Altersheim zu arbeiten.

Dort waren viele andere Finninnen beschäftigt, und mit einigen von ihnen wohnte ich auch zusammen. Um in der schwedischen Sprache Fortschritte zu machen, war dies jedoch nicht förderlich. So wollte ich mich schon bald um einen Job in England bemühen.

Ehe ich die ersten Schritte dafür unternahm, kam ich ins Gespräch mit finnischen Kolleginnen, die, wie ich, Erfahrungen in der deutschsprachigen Welt gesammelt hatten. Im Gegensatz zu mir waren sie begeistert von ihren dortigen Erlebnissen und ebenfalls von der Sprache. Die eine hatte das Goethe-Institut in Arolsen besucht, und die andere studierte in Tübingen. Eine dritte hatte Wien kennen gelernt und wollte dort auch ein Studium beginnen. Nachdem sie mir mehrmals von ihren Aufenthalten berichtet hatten, färbte etwas von ihrer Begeisterung auf mich ab.

Ich fuhr nach Hause und bewarb mich um eine Stelle als Au-Pair-Mädchen in Deutschland. Mir wurde eine Familie in einem oberbayerischen Ort am Starnberger See vermittelt.

Zum zweiten Mal reiste ich mit dem Schiff über die Ostsee nach Deutschland. Nach einer langen Fahrt im Nachtzug stieg ich in München um und fuhr weiter südwärts. Eine wunderschöne Welt glitt an mir vorbei in der Morgensonne: Häuser im alpenländischen Stil umgeben von Frühlingsgrün, Schwäne im glitzernden See. In Feldafing erwartete mich eine Familie mit vier kleinen Kindern. Neben Kinderbetreuung und ein wenig Hausarbeit blieb mir eine Menge Zeit, um den Ort zu erkunden oder auch mal nach München zu fahren. Abends durfte ich zusammen mit der Familie fernsehen und auch dabei sein, wenn sie Besuch bekam. Auf diese Weise lernte ich recht schnell Alltagsdeutsch verstehen.

Mir fehlte jedoch gleichaltrige Gesellschaft, und diesen Mangel ersetzten nur teilweise die Briefe von Freundinnen aus Finnland. Ich hatte schon von Anfang an die Absicht, nach einem halben Jahr als Au-Pair-Mädchen einen zweimonatigen Kurs beim Goethe-Institut zu besuchen, was ich meinen Eltern mitgeteilt hatte. Nachdem ich den Ort dafür während der ersten Zeit bei der Familie ausgesucht hatte, setzte ich meine Eltern davon in Kenntnis und teilte ihnen auch die Kosten mit. Prompt kam ein Brief von meiner Mutter mit einer Stellungnahme zu der Angelegenheit: »Du sollst nicht weiterhin bei Ausländern als Dienstmädchen arbeiten, sondern nach Hause kommen und die Höhere Handelsschule besuchen.« Die Kursgebühr könnten sie ohnehin nicht bezahlen, schrieb sie noch dazu. Ich antwortete genau so prompt und schlug eine Lösung des Geldproblems vor: »Vater soll zum Bankdirektor gehen und um ein Darlehen bitten, nach Hause und in die Handelsschule will ich n i c h t.« Zu meinem Erstaunen enthielt der nächste Brief eine positive Wende. Mein Vater war bei der Bank gewesen und hatte eine Zusage für das Darlehen bekommen. Jetzt begriff ich, dass die Eltern zu dem Zeitpunkt meinen Kurs wirklich nicht bezahlen konnten, da sie kürzlich gebaut hatten.

An einem Herbsttag nahm ich Abschied von der Familie in Feldafing und fuhr mit dem Zug ein kurzes Stück in Richtung Süden. Ich hatte mich für das Goethe-Institut in Murnau entschieden. Es war in einem alten Bauernhof außerhalb der Stadt untergebracht. Von dort öffnete sich eine weite Tallandschaft, die an die Alpen grenzte. Die Schüler wurden in der Stadt privat untergebracht, und ich teilte ein Zimmer mit einer jungen Frau aus Kalifornien, die kein Deutsch sprach. Ich wurde in die Mittelstufe I eingeteilt, die meisten anderen in der Gruppe waren Studenten einer New Yorker Universität mit familiären Bindungen zu Deutschland. Zuerst hatte ich die Befürchtung, ich könnte mit ihnen nicht mithalten, aber mein Lehrer versicherte mir, ich würde mich in der richtigen Klasse befinden. Oft wurden Diktate und Nacherzählungen geschrieben, was mir sehr viel Spaß machte. In Finnland bestand der Sprachunterricht während meiner Schulzeit hauptsächlich aus Übersetzen und Regeln und Vokabeln pauken.

Schnell entstand ein Gemeinschaftsgefühl unter den jungen Leuten aus verschiedenen Teilen der Welt. Wir frühstückten im Institut und aßen zu Mittag und Abend zusammen in einer Gaststätte. In der Freizeit machten ich und meine Zimmerkollegin manchmal Spaziergänge an den Staffelsee, bei denen sie Schlager der Zeit sang. Abends saßen wir oft in einem Lokal, und es hat meiner Freude keinen Abbruch getan, dass ich mir meistens nur ein Getränk leisten konnte. Zu dem Stipendium der New Yorker Studenten gehörte ein üppiges Taschengeld, und den meisten anderen schien es auch gut zu gehen. Von Zeit zu Zeit ließ mir meine Mutter zehn Finnmark im Briefumschlag zukommen. Ein paar junge Männer hatten ein Auto, und so konnte ich mich hin und wieder an einem Ausflug in die Umgebung beteiligen.

Es war ein warmer und sonniger Herbst, unter dem Fenster des Klassenraumes blühten Rosen, und es schien mir als ob die Berge in greifbarer Nähe schimmerten. Nach ein paar Wochen Schule fand ich während der Pause ein Stück Papier in meiner Manteltasche. Ich betrachtete den mit schöner Handschrift mit einem deutschem Gedicht gefüllten Bogen und dachte, er wäre aus Versehen in meine Tasche geraten. In nächster Zeit entdeckte ich immer wieder irgendein Gedicht, das in der Flurgarderobe den Weg in meine Manteltasche gefunden hatte. Es waren schöne romantische Gedichte wie »Willst du mir dein Herz schenken, so fang es heimlich an« oder »Sah ein Knab' ein Röslein stehn« und andere. Die Gedichte schenkte mir, wie ich herausfand, ein junger Mann aus den USA, der die Grundstufe I besuchte. Wir verständigten uns auf Deutsch, was den Austausch in einem engen Rahmen hielt. Doch durch die Gedichte kam eine neue Fassette hinzu.

Von den Murnauer Erlebnissen überwältigt, dachte ich mit Wehmut daran, dass die Zeit dort bald zu Ende sein würde. Ab Dezember wartete auf mich eine Stelle als Au-Pair in London.

In dieser Situation machte mein Lehrer ein überraschendes Angebot: Er könnte mich für ein Stipendium des Goethe-Instituts vorschlagen. Glücklich stimmte ich zu und fing an, um die Nachricht aus München zu bangen. Das Stipendium wurde genehmigt, und ich fand es überwältigend. Ich konnte in derselben Gruppe weiterlernen, jetzt mit dem Ziel, die Mittelstufe II zu absolvieren. Manchmal dachte ich an meine Deutschlehrerin in Finnland und konnte ihrer Unterrichtsmethode inzwischen sogar etwas Positives abgewinnen. Immerhin fiel mir jetzt das Erlernen der Sprache leichter. In dieser Zeit verwirklichte sich der Spruch aus meinem Deutsch-Elementarbuch: »Lust und Liebe zu einem Ding macht dir alle Müh' gering.«

Die geschenkte Zeit in Murnau genoss ich sehr, nur fehlte mir meine erste Zimmerkollegin, die nicht länger bleiben konnte. Ich vermisste ihr Singen und ihre Erzählungen über die kalifornische Heimat, obwohl ich mich mit der neuen Zimmernachbarin ebenfalls gut verstand.

Ab Februar hatte ich eine neue Stelle als Au-Pair in London bei einer Familie mit zwei Kindern. Bei meiner Ankunft war die riesige Stadt trüb und wenig einladend, und ich dachte an die in der Wintersonne glänzenden Alpen und an die schneebedeckte Landschaft und die Menschen, die ich mit dieser Umgebung verband. Dabei spürte ich Heimweh. Jetzt bestand mein Alltag aus sehr viel Hausarbeit, obwohl zweimal in der Woche eine Putzfrau kam und die Frau des Hauses nicht berufstätig war. In der Abendschule besuchte ich einmal wöchentlich einen Englischkurs und lernte dort Gleichaltrige kennen. Darunter waren eine Finnin und zwei Deutsche, und nach und nach fühlte ich mich wohler. Als im Frühling überall in der Stadt die Bäume blühten, entfaltete sie sogar mir ihren Charme.

Im Sommer fuhr ich nach Hause und bestand die Aufnahmeprüfung für ein Spracheninstitut. Es folgten zwei schöne Jahre Studentenleben in Tampere, allerdings ohne Deutsch. Danach arbeitete ich ein paar Monate in einem Touristenhotel in meiner Schulstadt und wohnte zu Hause bei den Eltern. Das war für mich wenig interessant nach meiner »Weltreise«, und so wollte ich eine zweite antreten und mit Deutschland anfangen. Jetzt traute ich mir eine Arbeit im Büro zu und bekam eine Zusage auf meine Bewerbung aus Frankfurt. Zum dritten Mal fuhr ich über die Ostsee nach Deutschland. Den Einstieg bei der Arbeit erleichterten mir hilfsbereite Kolleginnen und Kollegen, mit denen ich gelegentlich auch in der Freizeit zusammen war. Auch sonst war es leicht, Anschluss zu finden. Von Frankfurt aus suchte ich mir weder in England noch in Schweden eine Stelle. Ich hatte meine zweite Sprache gefunden.

Barbara Höhfeld

Zwei Sprachen

Essay

In meinen jungen Ehejahren, damals, als die Kinder auf die Welt kamen und ihre ersten Wörter lernten, in jener Zeit lebte ich in zwei Sprachen. Ich redete in meiner eigenen Sprache, dem Deutschen, und ich hörte, verstand und sprach auch manchmal die meines Mannes. Ich überwand mich nicht soweit, meine eigene Sprache ganz aufzugeben – ja, es wäre möglich gewesen, dass ich in die andere Sprache einginge, in ihr aufginge, damals. Andere schafften es. Ich hätte mich dazu überwinden müssen. Aber ich tat es nicht.

Vielleicht wäre es auch gar nicht möglich gewesen, und ich habe nur davon geträumt. Habe mir ausgemalt, wie ich aus dem schäbigen Kleid der Muttersprache herausschlüpfte, aus den Gewohnheiten, aus den schweren Erinnerungen der Kriegs- und Nachkriegszeit, der Nazi-Epoche. Weg wollte ich von der Grobheit und der Häme der deutschen Umgangsformen, wollte hinüber in die Eleganz und das Raffinement, in das Doppelbödige, das Nicht-Gesagte und doch Verstandene, das *sous-entendu*.

Mein Mann war Franzose. Ich hatte ihn in Saarbrücken an der Universität kennengelernt, wohin er gekommen war, um Deutsch zu lernen. Alles hatte er, armer Leute Kind, dafür eingesetzt, dass er Deutsch lernte. Vor allem hatte er zu Beginn seines Wehrdienstes in der Armee auf die Offizierslaufbahn verzichtet, die ihm als Abiturient offen stand; denn er wollte – statt nach Orléans zur Militärakademie – nach Baden-Baden geschickt werden, dem Hauptquartier der französischen Besatzung in der Bundesrepublik. Er konnte schon Deutsch von der Schule her und machte sich in der Schreibstube nützlich. Er büffelte fleißig weiter, und als ich ihn kennenlernte, beherrschte er die Sprache Goethes so, dass er damit spielen konnte. Ich bewunderte ihn.

Habe ich mich in ihn verliebt, weil er das Deutsche liebte? Als deutsche Staatsangehörige, soviel hatte ich als Au-Pair-Mädchen in der Schweiz, in Paris, in England schon begriffen, wurde man nicht besonders hoch geschätzt. Meistens hieß es: Für eine Deutsche bist du ja doch... (irgendwas Positives). Oder: Man sieht dir gar nicht an, dass du eine Deutsche bist! Das war ein Kompliment. Und nun dieser Franzose, der die deutsche Sprache, die deutsche Literatur liebte.

Und während ich dies schreibe, fällt mir ein, ich könnte mich in meinen Mann verliebt haben, weil er die deutsche Sprache liebte. Ich habe ihn gewiss für anderes geliebt: Er war schön, er war lustig, er war auch galant, aber nicht zu sehr, er kannte sich in der Welt aus, er besaß ein breites Wissen, und er hatte jenes gewisse Etwas, das den meisten deutschen Männern fehlte. Auch liebte er mich. Schließlich gab es viele andere deutsche Mädchen um mich herum, er hatte mich gewiss nicht wegen meiner Deutschheit ausgesucht. Sie bedeutete ihm freilich auch kein Hindernis. Und ich? Hat mich das insgeheim, ja, unbewusst beruhigt, befriedigt, mir Sicherheit gegeben, dass ihn das Deutsche an mir nicht störte? Liebte ich ihn deswegen?

So sprachen wir die ersten Jahre nur deutsch miteinander.

Dann bekam er eine Anstellung als Übersetzer bei der »Hohen Behörde für Kohle und Stahl«, auch Montanunion genannt, und wir heirateten. In seinem neuen Amt übersetzte er nur noch ins Französische, so wie es heute noch Sitte bei den Europäern ist: Man übersetzt nur in die Muttersprache, die kennt jeder am besten. So kam es, dass mein Mann seine eigene Sprache gewissermaßen neu entdeckte, sie stellte Ansprüche an seine Genauigkeit. Er beschloss, fortan wieder nur französisch zu sprechen, um diesen Anforderungen ganz und gar gewachsen zu sein. Ich sprach weiter nur deutsch, er französisch.

Das ging meistens gut. Es kam vor, dass wir uns stritten – und den Streit mit Hilfe des »Larousse« und des »Duden« beilegen konnten. Das französische Wort »*flatter*« war so ein Wort, über das wir aneinander gerieten. Für »*flatter*« steht im Wörterbuch »schmeicheln«, und einem deutschen Ohr klingt eine Schmeichelei immer unehrlich, wie eine freundliche Lüge, mit der der Schmeichler etwas erreichen will. Nicht so im Französischen. Im Französischen stimmt die Freundlichkeit, sie ist keine Lüge, zwar schmeichelhaft, doch entspricht sie der Realität. Der Sprecher hat sich entschlossen, aus allerlei möglichen Aussagen eine zu wählen, die dem Angeredeten wohl tut, er hat das bewusst getan, er will dem anderen eine Annehmlichkeit erweisen. Nein, auch im Französischen entsteht eine schmeichelhafte Anrede nicht außerhalb des Bewusstseins, der Redende weiß, was er sagt, aber er lügt nicht.

War das nicht auch eine der faszinierenden Seiten der französischen Sprache, eine Eigenschaft der französischen Kultur, dass die Franzosen die Wirkung ihrer Worte mit in ihre Rede einbezogen?

Das kannte ich von Deutschen nicht. Die waren stolz darauf, wenn sie »aus ihrem Herzen keine Mördergrube machten« und plauz-pardauz alle Frechheiten daherschwadronierten, die ihnen der augenblickliche Unmut eingab. Natürlich existierten auch damals schon wie heute Menschen in Deutschland, die viel zu ängstlich waren und die, wenn sie sich erst einmal »den Mund verbrannt hatten«, wie man so sagte, diesen gern hielten oder »hinter dem Rücken« der Betroffenen ihrem Ärger Ausdruck gaben, dann aber möglichst rücksichtslos. Es entsteht so eine Atmosphäre des Misstrauens: In den einen Zirkeln sagt keiner dem anderen, was er denkt; in anderen Zirkeln beleidigen sich die Leute unentwegt und gewöhnen sich daran.

Schon gerate ich wieder ins Maulen, diese Sucht zur Selbstbezichtigung, die man an auslandserfahrenen Deutschen beobachten kann. Eine Sehnsucht – auch wieder so ein deutsches Wort – nach jener Zärtlichkeit und Aufmerksamkeit, die wir, jung und unternehmungslustig, draußen erfuhren. Vielleicht war es auch dort nur gängige Höflichkeit, hinter der die Leute ihren Spott und ihre Abschätzigkeit verbargen; aber jungen Leuten erschien und erscheint noch immer die fremde Form erstaunlich und wärmend, sie nehmen sie ernst.

Meine Ehe hat nicht gehalten. Die gegenseitige Bewunderung reichte mit der Zeit nicht aus, um unserer Wut die Schärfe zu nehmen. Es war eine alte Wut, eine, die wir schon in die Ehe mitgebracht hatten, und darum half uns kein Wörterbuch. Wir wussten nicht, welches Wort nachzuschlagen gewesen wäre. Unsere Träume wussten wir nicht zu deuten.

Geblieben ist jedem von uns die Liebe zur Sprache, die Hinwendung zu einem Reich, in dem ein treffender Ausdruck, das richtige Wort im richtigen Augenblick das Glück zurückzubringen vermag, das alte Glück, das wir gefunden hatten, das wir aber nicht festhalten konnten, damals, in unseren jungen Ehejahren.

Die Sprache als unersetzliches, unvergleichliches und doch immer unvollkommenes Verständigungsmittel zwischen den Menschen.

Das Häuschen am Abhang

Ein Bekannter von mir fährt gelegentlich zum Mittelmeer, zum Häuschen seiner Großeltern, das nicht weit von der Küste auf einen Abhang gebaut wurde. Eltern und Großeltern sind schon vor vielen Jahren gestorben, das Häuschen gehört jetzt meinem Bekannten – ich will ihn einfach Adam nennen.

Das Häuschen stammt aus dem 19. Jahrhundert, und Luxus hat es nie gekannt. Wasser und Strom wurden irgendwann im 20. Jahrhundert eingebaut, doch seither fehlt ihm jede Modernisierung. Für ein Ferienhaus braucht man den modernen Schnickschnack nicht; doch pflegen muss man so ein Haus, muss es instandhalten. Das tut Adam jedes Mal, wenn er »da unten« ist, wie er sagt. Die körperliche Arbeit bekomme ihm gut, erzählt er.

Adam leidet hier in Mittel-Westeuropa unter seiner zerrissenen Biografie, er hat Tiefen und Höhen erlebt, jedoch nach seinem eigenen Gefühl mehr Tiefen als Höhen. Den Vater hat er nie gekannt, er kam vom Krieg nicht zurück. Die Mutter reiste mit dem Kind nach Norden und fand in Deutschland ein Auskommen. Sie sprach mit dem Kind weiter in ihrer Muttersprache. Das Kind ging in Deutschland zur Schule, nahm aber nie die deutsche Staatsangehörigkeit an. Zum Studium kehrte Adam in die »Heimat« zurück, in die Heimat seiner Eltern, und träumte davon, sich dort niederzulassen. In jener Zeit lebte er oft bei den Großeltern.

Doch er beendete sein Studium nicht, und das lag nicht etwa an fehlender Intelligenz. Etwas anderes kam dazwischen, eine Unordnung, eine nicht zu greifende Unruhe, eine Sucht vielleicht, der Alkohol. Tausend Wünsche, die sich nicht gleichzeitig erfüllen ließen. Wechselnde Perspektiven, ähnlich wie bei einem, der von Berg zu Berg wandert und die Landschaft immer neu und anders erblickt, aber nie ankommt. Er fand diese und jene Arbeit, er schlug sich durch, er hatte gute Freunde und war ein guter Freund. Inzwischen bezieht er eine kleine Rente, die er dank seiner Zweisprachigkeit aufzubessern versteht. Trinken tut er schon seit Jahrzehnten nicht mehr.

Neulich erzählte mir Adam wieder vom Häuschen seiner Großeltern, und ich begriff, dass der Abhang, auf dem es steht, ein rutschender Abhang ist. Vielleicht wurde zu viel gerodet, vielleicht haben sich die Wasserläufe geändert, oder es gibt andere Gründe: Der Abhang bewegt sich, und die früheren Nachbarn haben ihre Häuser schon vor geraumer Zeit aufgegeben. Nur Adam gibt sein Haus nicht auf. Er repariert die Grundmauern, er flickt die Risse in den Wänden, er bessert das Dach aus. Wochenlang beschäftigt er sich damit, so oft es ihm seine Erwerbsarbeit erlaubt. Strahlend berichtet er, wie gut ihm in den Ferien die Arbeit am Haus bekomme. So begeistert klingt seine Stimme, dass ich es ihm glaube, obwohl ich doch weiß, wie unangenehm ihm körperliche Anstrengungen normalerweise sind.

Adam hält mit seiner ganzen Kraft das Haus der Großeltern fest. Das macht ihn glücklich.

Radvana Kraslová

Sprachkaleidoskop

Krasohled – Schönseher oder Schönschauer – haben wir Tschechen das Kaleidoskop auch genannt, weil das griechische Wort ein wenig nach dem Stethoskop eines Arztes klang. Das wunderbare Ding dagegen spiegelte Bilder der bunten exotischen Welten. In seinem Inneren versteckten sich merkwürdige Farb-Muster, die dann jede winzigkleine Erschütterung wieder in ganz neue leuchtende Facetten verwandelte. Was für eine Kompensation für die düstere Realität des sozialistichen Alltags!

Ähnlich begeistert war ich von den bunten Scharen der Touristen, die meine Heimatstadt Prag besuchten und die graue Goldene Stadt in ein Babylon der Sprachen verwandelten. Wie stolz war ich, als ich in der vierten Klasse angefangen hatte, Russisch zu lernen. Ein paar Jahre später kamen die Russen als Okkupanten zu uns und haben abrupt jede Freude an ihrer Sprache begraben.

In der kurzen Zeit der noch geöffneten Grenzen war ich mit meiner Mutter und meinen vierzehn Jahren nach Italien gereist. Die italienische Sprache klang in meinen Ohren wie Musik, und Mama, die noch eine klassische Ausbildung mit Latein genossen hatte, verstand sie sogar. Obwohl die gerade streikenden Bahnarbeiter uns die mühsam erarbeitete Zugreise mächtig erschwerten, verlor ich mein Herz an dieses Land.

Schuld daran waren nicht nur die glänzenden Zeugnisse dieser Kulturwiege, sondern auch ein junger Italiener, der mich bei unserem kurzen Besuch an der Fontana di Trevi ansprach: Signorina, parla italiano? – No. – Parlez-vous français? – Non. – Do you speak English? – No. – Govorju tolko po ruski. Io parlo solamente russo. Ich spreche nur russisch. Auch eine Weltsprache – was aber mit ihr in Italien?

Was mit dem Russischen überhaupt, da uns dieses riesige Land, das uns ständig als Vorbild vorgesetzt wurde, so offensichtlich überfallen hatte, dass es niemand mehr verheimlichen konnte und nicht einmal Kinder an irgendeine »brüderliche Hilfe« glaubten. Wogegen denn auch? Na ja, gegen jegliche Anzeichen der Demokratie natürlich. Aber so schnell ging es mit dem Untergang der Freiheit bei uns dann doch nicht. Die ersten Monate nach der Okkupation nutzten die Tschechen ihre aufgezwungenen Russischkenntnisse, um eine neue Kauderwelsch-Poesie zu kreieren, die plötzlich an jeder Wand hing und so humorvoll und sarkastisch war, dass sie diese schwere Zeit fast in ein Happening verwandelte. Unglücklicherweise nur kurz, denn *inter arma silent musae.*

Mein Gymnasium bot leider keinen Italienischunterricht an. Am nächsten dem Italienischen erschien mir die französische Sprache. Das Russisch blieb sowieso Pflicht, nur wurde es jetzt nicht einmal mehr von den Lehrern mit Lust unterrichtet. In der Sprachschule fing ich später mit Englisch an und dann endlich auch mit Italienisch. Denn ein tschechisches Sprichwort sagt: Wie viele *Zungen* du sprichst, so viel mal bist du ein Mensch. Eigentlich eine ziemlich schizophrene Philosophie, vor der uns aber die Staatspolizei durch die fest verschlossenen Grenzen gut zu schützen wusste.

Die DDR war jedoch zugänglich, und meine Mutter war Deutschlehrerin. Das brachte mich allerdings der deutschen Sprache nicht näher. Nicht meine Mutter war daran schuld, sondern unsere Beziehung. Man braucht eine gewisse Distanz zum Lehrer, den Respekt vor einer fremden Person, der einen Pubertierenden davon abhält, sich ständig in endlose Streitereien zu verwickeln. Eine Person, vor der man nicht wagt, die fremde Sprache zu kritisieren, nur weil man etwas nicht sofort versteht. Na, was konnte schon meine Mutter dafür, dass ich mit Bandwurmwörtern nichts anzufangen wusste und umso mehr das knappe Englisch verherrlichte? (Wie kann man nur einen Gerichtsvollzieher dem Exekutor vorziehen?) Nicht einmal für die wahnsinnigen deutschen Nebensatzkonstruktionen mit dem Verb am Ende trug Mama Schuld.

– Im Latein gibt es sie doch auch, versuchte sie zu argumentieren.

– Na ja, deswegen ist es auch längst eine tote Sprache, beurteilte ich kurz und bündig das traurige Schicksal der *alma mater linguarum*.

Trotzdem ließ ich mich gerne auch von dieser *mater* ernähren und lernte fleißig ihr *vocabularium*, weil unsere Lehrerin – Gott sei Dank – ziemlich streng war und nicht zu meiner Verwandtschaft gehörte. Sie repräsentierte die »gute alte Schule«, was in meinen Augen schon dem Widerstand gegen das kommunistische Schulsystem glich. Leider bemerkten es auch die da oben, denn kurz nach meinem Abitur wurde Latein wieder aus den Schulen verbannt.

Nicht nur aus Nostalgie mag ich diese Sprache, die auch slawische *Zungen* beeinflusst und bereichert hat. Wie im Lateinischen können auch wir zum Beispiel Artikel entbehren. Das tschechische bzw. slawische Wort *jazyk* bedeutet sowohl Zunge als auch Sprache – ähnlich wie *lingua* im Lateinischen.

Das Latein half mir beim Lernen weiterer Sprachen. Aber wie diese fremden Zungen manchmal *mea mater* phonetisch zu entstellen wussten! Aus dem majestätischen *Caesar* wurde plötzlich ein plebejisch klingender *Sýzr*, aus der schönen *Europa* eine *Júrop* oder *Ojrópa*, noch dazu mit dem Artikel *das*, obwohl es sich um eine Frau handelte. Und der höchste griechische Gott hieß nicht mehr *Ze-us*, sondern *Tsojs*! Ähnlich wie die Optikfirma aus Jena. Besonders die Verdeutschung war mir ein Dorn im Auge – nicht nur um Mama zu ärgern, sondern weil die deutsche Aussprache sonst der tschechischen am ähnlichsten lag. Sogar mein Papa – zu meinem Entsetzen – sagte ständig ***Š**port (Schport)* statt **S**port. Auch heute noch zucke ich zusammen, wenn jemand Ner**f**en oder ***F**itamine* sagt und das ***Sp**ektrum* offensichtlich vom Speck ableitet.

Aber zurück in meine *-teens*. Mehrmals angefangen, nie weiter gekommen – so war es mit meinem Hausunterricht in Deutsch. Im Großen und Ganzen reichten diese Anfänge höchstens dafür, dass ich in der Lage war, mir in der DDR das zu beschaffen, was bei uns nicht zu kaufen war. Zum Beispiel Schuhe – obwohl wir einst eine Großmacht in der Schuhherstellung waren. Der tschechische Fabrikant Bat'a verlor zuerst seine mährische Fabrik und dann im Ausland noch sein Häkchen beim *t*. In der DDR gab's aber keine Bat'a-Geschäfte, ob mit oder ohne Häkchen. Die hatte ich allerdings in Italien gesehen und noch dazu die Ladenkette STANDA, was bei uns ein Kosename für Stanislav ist. Ich fand das unglaublich süß, und der Erklärung, dass es sich um irgendeine Abkürzung handelte, schenkte ich einfach keine Aufmerksamkeit.

Eine andere Überraschung erlebte ich in Bautzen. Ich sollte dort typische Mangelwaren für Weihnachtsplätzchen besorgen. Wie um Gottes Willen sagt man aber *mandle* und *rozinky* auf deutsch? Mandeln vielleicht? Rosinen? Es hat geklappt. Die nette Dame kannte sogar die tschechischen Äquivalente dafür. In Dresden wurden wir nie so freundlich aufgenommen wie im Gebiet der Lausitzer Sorben – irgendwie spürten wir hier die slawische Verwandschaft, auch wenn die Leute deutsch sprachen.

Einst war es auch bei uns die vorherrschende Sprache, leider meistens erzwungen, deswegen eher gehasst als geliebt. Aus der K.& K.-Monarchie übernahmen wir eher Unnützes wie Leintuch, Befehl, Lampassen... und das nur umgangsprachlich. Die Palatschinken und Kolatschen sind nämlich tschechisch – sagen wir zumindest, und so schreiben wir sie auch: *palačinky, koláče.*

Sein Schicksal kann man sich nicht aussuchen. Statt im sonnigen Italien, landete ich später im wetterbedingt launischen Deutschland. Und was habe ich als erstes im Fernsehen gesehen? Einen sowjetischen Film im Zweitonkanal. Mein Mann wollte auf keinen Fall russisch hören, nach einiger Zeit schaltete er doch um: So wie der russische Vater da heulte, konnte kein Deutscher ihn nachmachen. Der Film hieß »Kleine Vera«, und in der Tschechoslowakei war er nie zu sehen gewesen. Zu sarkastisch und frech für die Genossen, sehr amüsant für uns. Endlich konnten wir die russische Sprache ohne Hemmungen genießen – im Ausland.

Mein Deutschkurs in der Volkshochschule brachte mir leider nur wenig. Unsere Lehrerin war zwar nett, aber so lärmscheu, dass wir sie kaum hören konnten. Also kämpfe ich noch heute nicht nur mit der deutschen Grammatik, sondern auch mit der *Aussprache*, die ich einst für einfach hielt. Na ja, die Sudetendeutschen, bei denen meine Mama Deutsch gelernt hatte, rollten nämlich das **R** ähnlich schön wie die Österreicher es taten und tun. Erst weiter westlich stellte ich fest, wie heimtückisch so ein R sich auch verhalten kann, sodass ich ruhig Rote Rosen mit Toten Hosen verwechsele und an einer bestimmten Frankfurter U-Bahnstation ständig Hömer statt Römer höre. E mit I, B mit P oder G mit K beim Hören zu vertauschen – für mich kein Problem. Oder eigentlich ein riesiges! Wenn mir ein Wartezimmer wie ein Badezimmer klingt, verliere ich einfach die richtige Richtung und damit die ganze Orientierung!

Dass ein **Z** auf Deutsch *tset* ausgesprochen wird, habe ich längst wahrgenommen. Aber, liebe Deutsche, so ist es nur in Ihrer Sprache (mit Ausname des Italienischen *dset*). Und wenn Sie die Existenz eines anderen *set* in Englisch oder Französisch akzeptieren, tun Sie es ruhig auch in anderen Sprachen, bitte. Übrigens: ein **C** entspricht einem *Ce*, und zwar nicht nur bei Slawen – sonst müssten Sie das deutsche Alphabet nicht mit A-Be-Ce, sondern mit A-Be-Ke anfangen.

Allerdings, je älter ich werde, desto mehr schätze ich die Präzision der deutschen Sprache. Ihre Fähigkeit, Wörter zusammenzusetzen, die sonst nebeneinander Willkür verursachen würden. Auf diese Weise können ganz neue Ausdrücke entstehen und bieten uns Fremden eine Möglichkeit, vielleicht auch einen Schritt weiter zu gehen als die Einheimischen – als Erfinder neuer Ausdrücke haben wir keine Hemmungen, die die Wissenden haben müssen. Einmal schrieb ich: »Sie hat sich verträumt.« Meine deutsche Freundin sagte: »Auf Deutsch existiert so was nicht, aber das ist jammerschade. Lass das so stehen, es ist schön.«

Die Kettenwörter, die mich einst so nervten, machen mir heute viel Spaß. Schon allein beim Lesen kommen weitere Wortkreationen zu Tage. So las ich mal die Erst-Aufführung als Erschtaffierung, die UrAhnen brachte ich mit dem Uran zusammen, bei der Friseuse bestellte ich sogar Wasserfälle und wollte beschnitten werden! Die arme Frau wagte nicht einmal zu lachen, um mich nicht zu kränken. Hätte sie aber sollen – das Lachen entspannt besser als jede Wellness-Anwendung.

Wenn etwas aus dem Deutschen entfernt werden sollte, dann ist es diese Trennung des Verbs von seinem Suffix. Erstens ist es ziemlich schwer zu beurteilen, wann es notwendig und wann es verboten ist, vor allem aber finde ich es unpraktisch, bis zum Ende darauf warten zu müssen, was dem Satz eigentlich den Sinn gibt. Es ist doch ein Unterschied, ob ich etwas bringe oder jemanden umbringe – das sollte von Anfang an klar sein.

Dann würde ich auch noch den überflüssigen Buchstaben **V** abschaffen – die Polen haben ihn auch nicht und die Anderen lesen ihn sowieso als W. Scharfes **ß** finde ich dagegen vernünftig, logisch und sehr deutsch – es ist einfach ein Klassiker. Und Tele**ph**on soll ruhig neben Telefon weiter existieren: Man könnte schon nach dem *ph* ahnen, dass der Korrespondent vielleicht eine klassische Ausbildung hat, wogegen der Tele**f**onist eher zu den Pragmatikern gehört. Sogar die angemessene Kleidung zum Treffen kann danach gewählt werden.

Ich weiß, es ist eine Frechheit, mit meinem unperfekten Deutsch den Germanisten Ratschläge zu erteilen, aber der frische Wind kommt oft aus den unerwartetsten Orten.

Außerdem sind manchmal selbst die Deutschen in ihrer Sprache unsicher: Handelt es sich bei einem Kindesmissbrauch um den Missbrauch an Kindern oder von Kindern? Wurde ein Familienhaus von, für, oder sogar aus Familien gebaut? Wer weiß...

Das Tschechische ist nicht so wortkettenfreudig, dagegen ist es unglaublich beugsam – wie es das tschechische Volk in seiner Vergangenheit oft sein musste. Trotzdem schafften wir es, die Sprache, der wir hundert Mal entsagten, am Leben zu halten. Sogar meine Kinder staunen, wie viele Nuancen die freie tschechische Syntax oder die verschiedensten Suffixe bieten, was unzählige Zaubereien mit den Wörtern und ihren Bedeutungen ermöglicht. Der Deutsche mag verträumt sein, der Tscheche kann sich sogar selbst verträumen. Man bekommt bei uns nicht ein Kind wie Kopfschmerzen, sondern es ist ihm bzw. ihr geboren – von oben, ohne dabei religiös sein zu müssen. Statt jemanden zum Heulen zu bringen, kann man ihn kurz und bündig »verheulen« oder »verplärren«. Geht nicht? Bei uns schon! Wo ein Deutscher mit dem Töten droht, zeigt sich ein Tscheche milder – er sagt nur bei- oder teiltöten – nichts scheint bei uns endgültig zu sein, nichts wird so todernst genommen – es gibt immer Hoffnung, dass es wieder gut geht. (Das Suffix hält aber mit dem Verb zusammen wie Pech und Schwefel!)

Einige Skeptiker fragen gelegentlich, ob sich das überhaupt lohnt, eine Sprache für nur zehn Millionen Menschen am Leben zu halten. Ich sage: Auf jeden Fall – und eine so reiche besonders. Wo sonst findet man zum Beispiel den unglaublich schönen und stimmhaften Laut **Ř**? Nur bei den Polen – die sagen es aber weniger rasant, eher verschleiert, getrübt, bedeckt.

Natürlich ist mein Plädoyer sehr persönlich und absolut nicht objektiv – ich kenne einfach meine Muttersprache besser als jede andere Sprache. Eine Stiefmutter kann nur selten die echte Mutter ersetzen, dafür müsste das Kind noch klein und beeinflussbar sein. Deswegen sollte man mit Fremdsprachen auch möglichst früh anfangen, um die Lektüre im Original genießen zu können. Meine Kinder schaffen es schon, mehrere Sprachen nach Belieben einzusetzen. Was für ein Reichtum, der mit einer universellen Weltsprache verloren gehen würde.

Allerdings spricht nichts dagegen, auch die Stiefeltern zu mögen und zu respektieren. Sogar ich alte Querulantin nahm die deutsche Sprache gerne als Adoptivmutter an. Jetzt warte ich, dass auch sie mich langsam adoptiert. Bis dahin muss ich noch sehr fleißig sein – auch wenn es am Ende klar wird, wie schon Sokrates zu sagen pflegte: Ich weiß, dass ich eigentlich nichts weiß. Aber es ist immer gut, etwas genau zu wissen.

Tamara Labas-Primorac

Sprachkünstler

sprechen
in Sprachen
der Kinder
sprudeln
verkleben
trennen
durchleben
die Worte der Sinne
umgraben den Reim der Dinge

manche verbleiben
im zeitlosen Treiben

Worte

von Mutter zu Mutter
geflüstert
in mein Herz
verabschieden sich
in der neuen Welt
um mich
Laute sind fremd
Worte folgen einem anderen Weg
der Tanz meiner Zunge ist verändert
verändert auch mein Ich

deine Sprache, Mutter
verblich

Zeit der Maronen

Gerade schaute ich zu den riesigen Blechbüchsen, die meine Großmutter gerne als Übertöpfe für selbst gezogene Geranien und Begonien benutzte. In ihnen sammelte sich das Regenwasser der letzten Woche. Vielleicht auch aus früheren Wochen.

Denn dieses kleine Kind, das ich da gerade war, hatte noch kein Gefühl für Zeit. Es wusste nur um den Augenblick, und es dämmerte ihm, dass es auch ein Gestern, vor der Nacht und dem Traume, gegeben haben musste. Ein Morgen war ihm fast unvorstellbar.

Doch dieses für jenes Alter Unvorstellbare trug ich in mir seit dem letzten Besuch meiner Mutter, als diese mich auf ihre Schultern gehoben hatte, weil der Weg zur Mutter der Mutter ins Nachbardorf für die kleinen Füße zu weit war.

»Nimm mich mit nach Deutscheland!«

Meine Mutter setzte mich ab. Ich bemerkte den seltenen Glanz in ihren Augen wie beim letzten Mal, als sie sich von mir verabschiedet und gesagt hatte, dass sie bald wieder kommen werde und ich auf Oma hören solle. Ich hatte schon die Hoffnung auf ihr Wiederkommen aufgegeben, doch nun standen wir da, auf der staubigen Straße.

»Aber dort muss ich arbeiten und werde keine Zeit für dich haben. Du musst dann in... – Sie sagte ein Wort, das ich bisher noch nie gehört hatte, das dennoch in meinen Ohren irgendwie lustig klang.

»Dort sind viele Kinder, die du nicht verstehen wirst.«

»Egal. Nimm mich mit!«

»Du bist noch nicht drei…«

In ihrer Stimme vernahm ich Last.

»Bitte, Mami!«

Meine Mutter versprach mich holen zu kommen, sobald sie einen Platz für mich an diesem Ort mit den vielen Kindern, die ich nicht verstehen würde, fände und meine Eltern das Geld für ein Auto hätten.

Vergangenheit, Gegenwart, Zukunft nahmen in mir Gestalt an seit dem Fußmarsch auf der Straße, die Mutter und Großmutter verband.

Von da an wurde mein Spielen häufig von der in mir auftauchenden Frage nach dem »Wenn-dann« unterbrochen und ließ mich die Leere ohne Mutter spüren. Untröstlich.

In diesem Augenblick dachte ich aber nicht an das »Wenn-dann«.

Meine kleinen Hände griffen nach einer dieser Konservendosen. Ich steckte meine Hand hinein und fühlte die Nässe. Die Bewegungen meiner Hand ließen das Wasser tanzen. Ich hob meinen Finger aus dem Wasser und tauchte ihn wieder kraftvoll hinein. Ich lauschte der Musik eines schnellen Plob, gefolgt von einem leisen Plitsch. Bald benutzte ich die ganze Hand. Tropfen spritzten und fielen auf die Erde, die trocken war und von Rissen durchzogen. Färbten diese dunkler. Mit den Wasserklecksen begann ich zu malen. Ich bohrte meine Finger in die schwarz gesättigte Erde. In die kleine Mulde, die entstand, goss ich noch mehr Flüssigkeit. Nun konnte ich schon meine beiden Händchen im Schlamm baden.

Ein fremdes Geräusch lenkte meine Aufmerksamkeit auf sich. So ein Brummen kündete Verwandte aus der Stadt an, die von Zeit zu Zeit an uns dachten.

Eine Tante mochte ich besonders gern.

Einmal pulte sie das Eigelb aus dem Eiweiß und gab es mir zu essen. Ich durfte so viele Eigelbe vernaschen, wie in meinem Bauch Platz war. »Nicht dass das Kind noch Bauchschmerzen bekommt«, sorgte sich meine Großmutter. »Ach, lass sie doch. Kinder wissen schon, was ihnen gut tut«, beruhigte die junge Frau.

Ich sah sie an. Ihre rehbraunen, samtigen Augen blickten zurück. Ihr langes, mit einer Spange hochgestecktes tiefbraunes Haar zeigte viel von ihrem schönen Gesicht. Ihre Lippen lächelten.

»Du bist so schön wie meine Mama.«

Doch das Auto, das jetzt kam, war nicht weiß. Es leuchtete in Rot und war größer. Das Vibrieren verstummte. Sie stieg aus.

Ihre schlanke Gestalt war umhüllt vom fließenden, bodenlangen Stoff, sie war schön wie eine Königin, der Lichtspalt spielte zwischen ihren Beinen und verriet die Hose, lila. (Damals kannte ich natürlich den Farbnamen nicht.)

Mama, rief ich und rannte los. Doch plötzlich gehorchten mir die Beinchen nicht. Ich blieb stehen, wie angewurzelt.

»Komm, komm zu Mama!«

Mein Blick klebte an ihr. Doch ich konnte mich nicht lösen von der Erde, die mich trug. Komm, sagte sie, komm!

Dann drehte sie sich zur Autotür, der verräterische Lichtspalt zwischen ihren Beinen, für einen Bruchteil einer Sekunde. Sie beugte sich ins Auto. Rasch kam sie wieder hervor, grinste mich an, schnellte mit ihrem am Rücken versteckten Arm nach vorne und wedelte mit einem Plüschhund, dessen Ohren fröhlich wackelten. Meine Versteinerung löste sich, und ich rannte in ihre Arme.

Mama! Sie roch nach Rosen.

»Wenn-dann« war da, und wir machten uns auf die Reise. Der tränenreiche Abschied der Erwachsenen verwirrte mich, denn wurde jetzt nicht alles gut?

Da fuhren wir nun mit dem roten Auto durch Dörfer und Städte, durch Täler und über Berge. Schaute ich zur Seite, bildete die Landschaft Streifen, deren Farben beim Zukneifen der Augen ineinander verschwammen. Hafteten meine Blicke zu lange an diesen sich ständig verändernden Farbmustern, spürte ich meinen Bauch und meinen Kopf wie beim zu langen Drehen oder Schaukeln. Es war ein vertrautes, schönes und zugleich unangenehmes Gefühl.

»Magst du eine Banane?«

Meine Mutter hielt eine Frucht in der Hand, die ich nicht kannte. Neugierig griff ich danach. Der süßliche Duft verlockte mich, meine Vorbehalte zu verdrängen. Ich biss in das feste und doch weiche Fleisch. Das matschige Etwas füllte meine Mundhöhle.

Ich fühlte ein Hopsen und Jauchzen in mir. Die Streifenbilder und der blumig-ölige Geruch meiner Mutter ließen mich nach einer Weile in Schlummer versinken.

Die Großstadt hielt in einem der vielen Häuser unter dem Dach ein neues Heim für mich bereit. Geräusche fahrender Autos, hohe aneinander gereihte Gebäude, lange und sich kreuzende geteerte Straßen; kein Matsch, keine Hügel gerastert in Gelb- und Grüntönen und hier und da gepunktet in Rot, keine Stille durchbrochen von den Lauten einer Kuh oder eines Hahnes, keine sonnenerwärmte Heuluft...

Am nächsten Morgen führte uns ein langer Fußweg zu den Kindern, die ich nicht verstand und an den Ort, an dem ich auf meine Mutter warten würde, während sie arbeiten musste. An einer hohen Mauer bogen wir vom Weg ab. Ich erblickte das Haus, das auf einer Anhöhe hinter einem großen geschmiedeten Eisentor lag.

Sah so das Schloss von Schneewittchen aus?

Eine breite Steintreppe führte hinein. Dort empfing uns eine Frau, die mich lächelnd begrüßte, ihre Haare sehr hell wie die von Omas Engelchen auf dem Bildchen, aber ohne Locken, glatt. Das Bildchen hatte Oma mir beim Abschied in meine Hand gedrückt und dabei, als dürfe es niemand mithören, flüsternd gesagt, er passt immer auf dich auf. Ich steckte meine Händchen in die Tasche nach dem Engel suchend. Dann sprach die Frau etwas mit meiner Mutter. Ich verstand kein Wort.

»Tschüß, mein Schatz. Ich muss jetzt gehen. Ich hole dich später ab, wie versprochen. Geh' jetzt mit Dorothee.«

Ein Kuss.

Dorothee nahm mich an die Hand. Sie führte mich durch das Haus und sprach zu mir. Ich lauschte dem Klang ihrer Stimme, der weich war und einem zarten Gesang glich. Vielleicht würde ich Dorothee mögen?

Lachen, schreien, stupsen, spielen. Die Kinder schauten mich, am Rande des Geschehens stehend, an.

Dorothee begann ein Lied zu singen. Die Kinder fingen an aufzuräumen, während Dorothee die kleinen Stühle mitten im Zimmer im Kreis aufstellte. Bald saßen alle Kinder.

Dorothee sprach. Einige Laute klangen so ähnlich wie mein Name, sonst war alles steigende und fallende Melodie. Dann begannen alle gemeinsam zu singen. Die Kinder winkten mit ihren Händen, stampften mit ihren Füßen oder klatschten.

Ich grinste – zögernd.

Türme aus Klötzchen, Fahrzeuge, Buntstifte, Malfarben, Papierrollen, Scheren, ausschneiden, sprechen, tanzen, singen, hüpfen, Puppen, Puppenwagen, Spielküche, Zubehör, Regeln, Streit, Wut, Schlichtung, fremde Gerüche.

Ich kroch unter die aufgehängten Mäntelchen der Kinder im Vorraum. Diese enthielten noch frisch und feucht die Luft von draußen. In meine Gedanken drängelte sich Mama, eine kullernde, leicht salzig schmeckende Nässe benetzte mein Gesicht.

Später an diesem Tag – er kam mir vor, wie die Zeit von »Wenn-dann«, obwohl ich wusste, dass dies so nicht sein konnte, denn es gab keine Träume dazwischen – kam meine Mama.

Hände haltend gingen wir den langen Weg zurück.

»Was gab es denn zum Mittagessen?«

»Ach, Mama. Ich hab es nicht gegessen. Es sah aus wie das Futter, das Oma für die Truthahnküken macht. Nur Kartoffeln und Spiegelei hab ich gegessen.«

Meine Mutter zog mich in die Bäckerei. Der Rest des Weges schmeckte zuckrig und nach Vanillin.

Am nächsten Morgen ergriff mich mit jedem Schritt des Weges ein Widerwille, mich zielstrebig vorwärts zu bewegen. »Komm. Beeil dich. Sonst komme ich noch zu spät zur Arbeit.« Ich bemerkte den Schrei in der Stimme meiner Mutter, den sie zu unterdrücken hoffte; es war für mich das Zeichen, ein Spiel zu beginnen, das ich oft gewann.

»Ich will bei dir bleiben!«

Sie zog mich kraftvoller am Arm. Ich wurde störrisch wie ein kleiner Esel, nutzte meine ganze Körperkraft, um ihr entgegenzuwirken.

»Komm!«

Sie zog noch stärker.

»Nein! Ich will aber nicht!«

»Komm jetzt! Ich habe dir gesagt, dass ich arbeiten muss. Sonst…«

Ein Nein überwältigte mich, nahm mir die Sprache, die sich im Weinen auflöste.

»Sonst musst du…«, ihre Stimme klang wie zerbrochenes Glas, »zurück zu Oma.«

Ein leichter Luftzug auf dem letzten Stück unseres Weges trocknete mein Gesicht.

Von da an huschte ich ständig unter die Mäntelchen in der Diele. Die Erwachsenen riefen mich immer wieder bei meinem Namen. Er klang so fremd. Ich schwieg.

Ich mochte diesen Ort und mochte meinen fremden Namen nicht.

So verging die Zeit.

Eines Tages tauchte ein kleiner Kopf mit etwas zu groß geratenen, abstehenden Ohren, rotem Haar und frechen Sprenkeln im Gesicht in meinem Versteck auf. Der Junge blickte mich an. Wir lächelten.

Immer häufiger suchte er mich in meiner Bucht auf. Bauen, malen, kneten, Quatsch machen, kichern. Den Ort der Mäntel vergaß ich alsbald. Langsam verstand ich die Worte seiner Sprache und seinen Namen: Kesten.

Merkwürdig, wieso nennt man sein Kind »Marone«?

Milchreis mit Zimt und Zucker, fast so gut wie der honigsüße Maisbrei meiner Oma. Kesten gab mir seine Portion. Mein Bauch war so schön gesättigt.

Als mich meine Mutter an diesem Tag abholte, sprach sie von Bekannten, die uns besuchen wollten. »Wir schreiben einen Brief an Oma. Die Bekannten fahren nach Hause und können unseren Brief Oma geben.«

»Liebe Oma,

hier ist alles so anders. Es macht mir aber Spaß. Meine Haare sind gewachsen. Und ich habe einen Freund, den ich heiraten werde. Wenn ich groß bin. Er ist sehr nett. Nur hat er einen komischen Namen: KESTEN.

Ich liebe dich. Der Matsch vor dem Haus fehlt mir.«

Auf die Rückseite des Briefes hielt ich meine Hand, während meine Mutter die Konturen abzeichnete. Mit Blumen, Ringen, Herzen von mir verziert.

Nach einer nicht allzu langen Zeit kamen die Bekannten meiner Eltern erneut zu uns. Sie brachten hausgemachten Wein, Käse, geräucherten Schinken und Speck, Blut- und Grützewürste, die meine Mutter sofort zu braten begann, denn sie waren mein Leibgericht. Vertrauter Duft.

Ein kleines Paket nur für mich, von Oma. Darin ein kleiner Emailtopf mit einem Holzkochlöffelchen, ein Sträußchen verwelkter Walderdbeeren (Oma konnte sich wohl die Entfernung nicht vorstellen), eine große Pralinenschachtel mit einem Deckel, auf dem ein Mädchen und ein Junge abgebildet waren, und ein Zettel: »Als ich diese Schokoladenschachtel sah, dachte ich an dich und Kesten. Du fehlst mir.«

Ich sah Kesten und mich Omas Pralinen essen. Wir unterhielten uns. Ich blickte auf seinen Schokoladenmund, dem ich plötzlich einen Kuss gab. Wir lachten. In dieser Nacht schlich sich die Sprache meiner neuen Heimat zu mir, in Traumbildern.

Seitdem gewöhnte ich mich an Spinat, Milchreis mit Zimt und Zucker sowieso.

Kesten blieb Kesten. Vergessen, wie so manches aus jener Zeit.

Einmal, viel später in meinem Leben, als die ersten Schneeflocken fielen und es weihnachtlich zu werden begann, kaufte ich mir eine Tüte heißer Maronen, wärmte meine Hände an ihnen und genoss deren delikate Süße.

Plötzlich tauchte das Bild mit dem gesprenkelten Gesicht, den großen Ohren und dem rotem Haar auf. Wie war wohl sein richtiger Name?

Es blieb ein Schmunzeln.

Die Perlenkette

Erzählung

In seinem rosafarbenen Gesicht hatten sich Fettpölsterchen angesammelt, die von seiner Vorliebe für Schokoladenriegel zeugten. Sie waren in einer Schale auf seinem Tisch aufgetürmt, für den Besucher sofort sichtbar, und verrieten seine Neigung zum Überfluss. Diese verlieh ihm ein Aussehen, das mich an gemästete Schweine denken ließ.

Seine Haut färbte sich um drei Nuancen dunkler durch die Anstrengung, mit der er das Identitätsdokument mit dem Blocklocher vernichtete. Er legte seine Hände übereinander auf den Hebel der schwarzen Büromaschine und, um seine Kraft zu steigern, stützte er das ganze Gewicht seines Oberkörpers auf den Hebel des Lochers und drückte ihn nach unten. Die zarten Perltröpfchen auf seiner Stirn und Nase, die schon vorher sein Gesicht geziert hatten, vermehrten sich wie Mikroorganismen in einer Petrischale.

Es war ein schwülheißer Tag im August; das historische Gebäude war nicht mit einer Klimaanlage nachgerüstet worden, so dass durch das weit geöffnete Fenster die schwere Sommerluft eindrang und sich der Ventilator auf dem Tisch fast vergeblich bemühte, eine erfrischende Brise entstehen zu lassen. Der Locher gab ein quietschendes Geräusch von sich, gefolgt von einem leisen, dumpfen Ton. Der Papierhaufen war ungültig, der Pass, den ich vor einigen Augenblicken übergeben hatte, war perforiert, damit auch meine bisherige Identität. Es schien als schnellte der Hebel des Lochers in seine ursprüngliche Position zurück, die ihm mehr behagte, und zog dabei die Hände des Standesbeamten mit nach oben.

Der Beamte holte daraufhin aus seiner rechten Hosentasche ein säuberlich zusammengefaltetes, mit feinen hellblauen Streifen gemustertes weißes Stofftaschentuch und tupfte damit zunächst großzügig über seine Lippengegend und dann über seine

Stirn. Nun griff er mit der anderen Hand nach dem Tuch und ließ es in seiner linken Hosentasche verschwinden.

Anschließend nahm er den unbrauchbar gemachten Ausweis und hielt ihn mir entgegen. »Den können Sie behalten!« »Ja, als Souvenir«, wollte ich sagen, doch etwas ließ mich die Antwort nur denken. »Danke!«, erwiderte ich stattdessen leise. Ich freute mich, meinen vernichteten Pass erneut in meinen Händen zu halten, denn, so hatte ich gehört, es war nicht selbstverständlich, seinen ungültigen Pass zurückzubekommen. Ich streichelte mit meinem Daumen das Dokument und berührte unwillkürlich die frisch zugefügten Löcher. Sie fühlten sich an wie eine Wunde.

Der Beamte stand plötzlich auf und verkündete, Papiere in der Hand haltend: »Dies ist ein offizieller und festlicher Akt.« Während er Paragraphen aus dem Gesetz zitierte, blieben meine Gedanken an dem Wort »festlich« hängen, lösten sich nach kurzer Zeit und suchten nach Zeichen in seinem Gesicht, seiner Körperhaltung, seiner Stimme. Doch nichts gab preis, was er darüber dachte, dass mein Identitätsdokument zwei, von ihm zugefügte, frische Verletzungen hatte. Seine Stimme war monoton, bar jeder Emotion, sein Körper aufrecht, sein Gesicht gewann seine ursprüngliche blassrote Farbe zurück. »Hiermit überreiche ich Ihnen Ihre Einbürgerungsurkunde. Das ist ein wichtiges Dokument. Bitte bewahren Sie es gut auf. Ich gratuliere!«, sagte er floskelhaft und hielt mir seine Hand entgegen. Wie oft im Monat, in der Woche, am Tag vollzog er wohl diesen »festlichen Akt«? Automatisch reichte ich meine Hand, mein »Danke« reihte sich ein in den offiziellen Vorgang.

Doch etwas rebellierte in mir, wollte sich mit diesem von Gefühlen nicht verunreinigten Festakt zufrieden geben und dem Rosaschweinchen einen Impuls entlocken. Ich sagte etwas Belangloses, nicht wert, es in der Erinnerung zu behalten, ein Kommentar über die Hitze des Tages oder etwas Ähnliches. Dabei hob ich, nach einem unbewussten Schema ablaufend, meine Schultern, richtete mich auf und neigte mich leicht zur Seite, lächelte zaghaft und schlug, nachdem ich ihm zuvor tief in die Augen geblickt hatte, die Augenlider nieder und schaute ihn erneut mit dem gleichen Lächeln an. Das uralt angelegte Muster des Lockendweiblichen prallte an ihm ab, kein Gefühl sickerte durch den Beamtenpanzer, nur die gehäufelten Schokoriegel auf seinem Tisch waren stumme Zeugen eines unbeherrschten Etwas in ihm.

Ich stand auf – gerade in diesem Moment fragte ich mich, ob ich nicht schon beim »festlichen Akt« hätte aufstehen müssen – nahm die Einbürgerungsurkunde entgegen, verstaute diese gemeinsam mit dem durchlöcherten Reisedokument in meine große Tasche, verabschiedete mich und ging durch die Tür, durch die ich vor wenigen Minuten noch als Kongolesin eingetreten war und nun den Raum als Deutsche verließ.

Ich fühlte Freude und Stolz der Gesellschaft anzugehören, in der ich geboren und erwachsen geworden war. Vor kurzem war mir in meinem Verhalten eine Veränderung aufgefallen. Seit meinem Antrag auf Einbürgerung hielt ich mich lange im innenpolitischen Teil der Tageszeitung auf und verfolgte die Debatten, als hätte ich etwas nachzuholen – im Gegensatz zu früher, als ich nur die Schlagzeilen überflogen hatte, weil meine Meinung kein Kreuzchen auf dem Wahlzettel wert gewesen war.

Schnell ging ich die Treppen ins Erdgeschoss hinunter zum Ausgang. Auf der Straße angekommen dachte ich an die Empfindungen, die ich gehabt hatte, als ich vor einigen Monaten im Konsulat der Republik Kongo meine Erklärung, aus der Staatsbürgerschaft austreten zu wollen, abgegeben hatte. Der Austritt hatte mich nicht nur traurig gestimmt, ich hatte mich als Verräterin gefühlt, unloyal gegenüber dem Land meiner Wurzeln, obwohl ich doch keine wirkliche Beziehung zu ihm hatte, da ich noch nie dort gewesen war; es war mir fremd, und ich verband es nur mit dem Krieg, der meine Eltern flüchten ließ und uns das Reisen dorthin verwehrte. Ich hatte mich geschämt und war erleichtert, als ich das von mir Verlangte, um rechtmäßige Bürgerin meiner Heimat zu werden, pflichtgemäß erfüllt und hinter mich gebracht hatte.

Ich bemühte mich, diese Gefühle zu verbergen, damit nichts von Traurigkeit, Beschämung, Verrat, einen Teil meiner Identität Verleugnendem und zugleich nicht zu Leugnendem nach Außen sichtbar wurde. Nun drängte ich diese Grübeleien zur Seite und kehrte zu meiner Freude zurück, Staatsbürgerin meines Geburtslandes zu sein.

Meine Gedanken wurden von einem Passanten unterbrochen, der sich freundlich erkundigte, ob ich Deutsch spräche und mich hier auskenne. Er habe schon vergeblich gefragt, doch keiner konnte ihm eine Auskunft geben, wo sich die Straße befand, die er suchte und die wohl ganz in der Nähe sein müsste. Ich konnte ihm die Auskunft geben. Er lachte, bedankte sich und sagte: »Ich hätte nicht gedacht, dass Sie so gut Deutsch sprechen. Sie haben ja gar keinen Akzent!« »Ja, ich bin Deutsche!«, sagte ich bestimmt. Er schaute mich etwas irritiert an, wusste wohl nicht, wie er meine Aussage einzuschätzen hatte und entschied sich, diese als einen Witz aufzufassen, lachte ein leises »Ha« und sagte: »Das hätte ich mir doch gleich denken können! Man sieht es auf den ersten Blick!« Und lachte jetzt noch stärker über seinen Einfall, der ihm in seinem Bewusstsein immer geistreicher erschien, fügte noch ein »Danke« und »Auf Wiedersehen« hinzu und lief die Straße meiner Beschreibung folgend weiter.

Hätte ich nicht gerade meine frisch gedruckte Einbürgerungsurkunde und meinen entwerteten kongolesischen Pass in der Tasche gehabt, wäre ich wahrscheinlich nachsichtiger gewesen und hätte vielleicht sogar mitlachen können, aber ich war tief verletzt. Mechanisch suchte ich nach meinem kleinen Kosmetikspiegel und schaute hinein. Mein Gesicht war schwarz, tiefschwarz, obwohl ich heute Morgen meine Afro-Creme aufgetragen hatte, um meinen Teint aufzuhellen. Verrückt, dachte ich, ich möchte weißer werden, und die weißen Frauen verwenden Selbstbräuner oder legen sich in ein Solarium, einen Sarg mit Neonröhren, um dunkler zu werden. Na ja, wenigstens versuchen wir uns in der Hautfarbe anzunähern. Fast hätte ich lachen können über diesen Gedanken, wie der Passant vorhin über seinen gut gemeinten Scherz. Ich holte meinen Lippenstift aus der Tasche und zog ihn über meine schön geformten, sinnlich-wulstigen Lippen, auf die ich sehr stolz war. Er färbte sie leuchtendrot. Ich packte wieder alles in meine Tasche und ging meinen Weg weiter – als Deutsche. An diese Tatsache werde nicht nur ich mich noch gewöhnen müssen.

Ich kam in meiner Wohnung an. Es war Mittag. Ich kochte einen Kaffee nach französischer Art und biss in das Croissant, das ich frisch vom Bäcker geholt hatte. Ich wusch die Weintrauben und steckte, weil ich es mir so angewöhnt hatte, jeweils zwei in den Mund. Dieses Stillen eines elementaren Bedürfnisses zog für eine kurze Weile meine Aufmerksamkeit auf sich.

Daraufhin nahm ich das angebissene Croissant, den Kaffee und die restlichen Trauben ins Schlafzimmer, in dem auch mein Arbeitstisch war. Im Computer suchte ich meinen Lebenslauf, den ich heute noch mit den anderen Bewerbungsunterlagen für ein Praktikum abschicken wollte. Das Feld »Staatsangehörigkeit« hatte ich offen gelassen und schrieb nun mit einem gewissen Stolz »deutsch« hinein. Doch im gleichen Moment fühlte ich mich, als würde ich lügen, etwas verbergen, nur einen Teil der Wahrheit offenbaren. Ich druckte das Dokument aus und las es. Auf Tippfehler vermochte ich nicht zu achten. Obwohl dort mein Name stand, erschien mir dieser Lebenslauf so fremd.

Das Telefon klingelte, riss mich aus meinen Gefühlswelten. Ich meldete mich mit »Oui.«, wie immer, weil mir das französische »Ja« so gut gefiel. »Guten Tag, Beatrice! Ich bin erleichtert, dass ich dich erreiche. Ich dachte schon, du bist an der Uni«, erklang die Stimme auf Lingala am anderen Ende. Es war eine Bekannte meiner Mutter. »Ja, wäre ich auch. Ich hatte jedoch einen wichtigen Termin heute Vormittag, so bin ich dem Seminar ferngeblieben«, erwiderte ich. Die Bekannte musste ein Formular für die Einschulung ihrer Tochter ausfüllen und bat mich, ihr dabei zu helfen. Sie wohnte in meiner Nähe.

Ich nahm noch einen Schluck Kaffee und einen Biss vom Croissant. Dann lief ich in die Küche und schaute aus dem Fenster. Dunkle Wolken hatten sich zusammengezogen. Ich betrachtete eine Zeitlang die feinen Blätter auf den Zweigen der Birke vor dem Haus, die von einer Windböe bewegt wurden. Wie erhaben so ein Baum ist, dachte ich. Ich öffnete das Küchenfenster und lauschte dem Rascheln des Laubes. Gerade in diesem Moment erstrahlte die Sonne durch eine neu entstandene Wolkenlücke und ließ die Blätter zartgrün leuchten. Auch das Weiß des Stammes schimmerte heller, wodurch der Baum noch anmutiger wirkte.

Es klingelte an meiner Tür. Ich lief in den Flur und öffnete die Tür. Es war die Bekannte. »Hallo, Beatrice, wie geht es dir? Wie geht es deiner Mutter? Was macht dein Vater? Geht es Mike gut? Mit Marie, alles o.k.? Und geht es der Tante Klaris wieder besser?« Nach dem langen Begrüßungszeremoniell zeigte sie mir das Blatt. »Danke, Beatrice, dass ich gleich vorbeikommen konnte. Ich habe völlig vergessen, es auszufüllen und brauche es noch heute«, sagte sie entschuldigend. »Keine Ursache, mache ich gern«, erwiderte ich.

Ich nahm das Formular, das sie mir entgegenhielt. Ich las. Kind: Name, Vorname, Geburtsdatum, Geburtsort, Staatsangehörigkeit. Unter »Eltern« gab es zwei Spalten, einmal für Mutter und einmal für Vater: Name, Vorname, Geburtsdatum, Herkunftsland.

Mit aufbrausender Stimme sagte ich: »Herkunftsland?«

»Was ist, Beatrice?«, fragte die Bekannte besorgt.

»Hätte ich jetzt ein Kind, so hätte ich Kongo schreiben müssen? Und nirgends eine Zeile über meine deutsche Staatsangehörigkeit!«

»Was hast du?«, unterbrach mich die Besucherin, die noch immer nicht meine Aufregung verstand. Ich versuchte ihr zu erklären, dass ich seit heute die deutsche Staatsbürgerschaft hatte und in diesem Formular danach nicht gefragt wurde. Die Bekannte verstand weiterhin nicht, warum ich mich darüber so ärgerte. »Beatrice, du bist doch keine Deutsche!«, sagte sie. Meine Besucherin versuchte beschwichtigende Erklärungen zu geben, warum nach dem Herkunftsland der Eltern gefragt wurde und schloss damit, dass sie froh sei, damals hier Asyl bekommen zu haben: »Meine Tochter kann zur Schule gehen. Ich konnte das in Kongo nicht. Und meine Tochter hätte es auch nicht gekonnt.«

Ich war auch dankbar, dass meine Eltern hier leben durften. Sie waren aus einem Land geflüchtet, in dem Krieg war. Ich wurde jedoch hier geboren und bin hier groß geworden. Und nun war ich deutsche Staatsbürgerin. Im Formular würde einfach nur Kongo stehen. Das hätte doch so nicht gestimmt – das wäre nur die halbe Wahrheit gewesen.

Ich hörte der Frau nicht zu, die weiter auf mich einredete. Die

Gedanken, die sich in mir aneinander reihten, vertrieben nun die Wut und überließen den Raum in meinem Inneren der Traurigkeit. Warum musste ich eigentlich meine kongolesische Staatsbürgerschaft abgeben, um eine deutsche zu bekommen – um dann wieder nach meiner kongolesischen Herkunft gefragt zu werden. Hätte ich beide Staatsbürgerschaften, wäre allen klar, wer ich bin und was ich geworden bin. Eben erinnerte ich, dass meine Eltern vor einigen Jahren, als bei mir die ersten Pickel angefangen hatten zu sprießen und mein Lächeln eine Zahnspange verunstaltete, die deutsche Staatsbürgerschaft annehmen wollten. Eine Landtagswahl stand bevor, und einige Politiker machten die doppelte Staatsbürgerschaft zu ihrem Wahlkampfthema. Sie waren gegen die doppelte Staatsbürgerschaft, weil sie befürchteten, dass den Eingebürgerten auf diese Weise Schlupflöcher ermöglicht würden und sie sich nur die Privilegien zunutze machen und sich den Pflichten entziehen wollten. Diese Kampagne schürte Ängste in meiner Familie, aber auch Verärgerung, so dass meine Eltern darauf verzichteten, die deutsche Staatsbürgerschaft anzunehmen. »Wir sind doch keine Kriminellen«, sagte mein Vater, »diese Argumente sind doch lächerlich!«

»Ach, Kind, sieh das nicht so eng«, unterbrach mich die Besucherin in meinen Gedanken, »es ist nicht alles gut.« Ich stimmte ihr zu: »Ja, das ist es nicht. Warum hast du, warum haben all die anderen keinen Deutschkurs bei der Einreise bekommen? Dann könntet ihr auch so ein Formular selber ausfüllen.« Jetzt befürchtete ich, dass sich mein Zorn, der sich sein Terrain in mir wieder zurückeroberte und die Traurigkeit verdrängte, überschlug und ich die Gefühle der Bekannten verletzt haben könnte, was ich nicht beabsichtigt hatte. Doch die Besucherin erklärte mit ruhiger Stimme, dass damals niemand gewusst hatte, wie lange sie bleiben würde. »Es schadet doch niemandem, eine Sprache zu lernen, egal ob er im Land bleibt oder nicht«, antwortete ich mit bestimmendem Ton. »Ja, dann musst du wohl in die Politik gehen!«, erwiderte die Bekannte. »Entschuldige«, sagte ich, »es verletzt mich nur, dass alles so halbherzig ist. Gehöre ich nun dazu oder doch nicht ganz?« »Ach, Beatrice, mich kränkt es auch«, gab die Frau mit tröstend-trauriger Stimme zu und senkte ihren Blick zum Boden. Dann sah sie mich wieder an. »Bitte fülle mir nun das Papier aus. Ich muss weiter!« Als ich fertig war, gab ich es ihr. Sie bedankte sich, und wir verabschiedeten uns. Sie ging fort, etwas Unausgesprochenes blieb zurück.

Ich spürte Hunger, hatte aber keine Ruhe zum Essen. Langsam schlenderte ich ins Schlafzimmer, setzte mich an den Rand des Bettes. Wer bin ich? Wo gehöre ich hin? Ich dachte an den Raum von heute Vormittag, an das rosa Schweinchen, an die aufgetürmten Schokoladenriegel, an mein durchlöchertes Identitätsdokument, den »festlichen Akt«, ich spürte die Hitze und fühlte Stille in mir wie nach einem Gewitter. Mein Blick fiel auf den Schreibtisch.

»Du bist meine Perle«, flüsterte Hans in mein Ohr, das er mit seinen Lippen leicht berührte. Er löste sich wieder von mir, um nach einem Schächtelchen in der Tasche seiner Hose, die unordentlich neben dem Bett auf dem Boden lag, zu suchen. Als er es fand, wandte er sich wieder zu mir und öffnete es behutsam. Er entnahm ihm eine lange, goldene Kette mit einer schlicht eingefassten Perle. »Für dich«, sagte er. Ich wollte schon zur Kette greifen, da fügte er hinzu: »Psst! Bleib liegen!« Das Kästchen legte er mit der anderen Hand auf eine Holzkiste, die sich neben meinem Bett befand und auf der ein Kerzenleuchter stand, der das Zimmer in warmes, bewegtes Licht tauchte. Die Perle aber bettete er zärtlich in meinen Bauchnabel, den er zuvor küsste. Dann zog er die Perle an der Kette über meinen Bauch hinauf bis zum Hals und ließ diese dann zart über meinen Mund rollen. Wie mit einem Hauch umfasste ich die Perle mit meinen Lippen, flüchtig, um sie wieder auf ihre Reise zu entlassen, erneut nach ihr zu schnappen und sie abermals laufen zu lassen. Hans beugte sich nieder und berührte mit seinen Lippen sanft die meinigen. Die Perle wanderte von mir zu ihm und zurück, vereinte und trennte uns für Bruchteile eines Augenblicks im Spiel unserer Lippen und Zungen.

Ich griff nach der Kette, die mir Hans gestern Abend um meinen Hals gelegt hatte. Vor dem Duschen heute Morgen hatte ich sie abgelegt und in der Eile, rechtzeitig zu meinem Einbürgerungstermin zu kommen, vergessen, sie von Neuem anzulegen. Nun betrachtete ich die weiße Perle und das Schimmern des Perlmutts.

Ich fühlte mich wie eine Perle verloren im weiten Schnee. Einige vorüber ziehende Passanten beachteten mich nicht, ließen mich liegen. Wieder andere blickten mich nur befremdlich an. Ich friere. Hans nimmt mich auf. Für ihn bin ich wertvoll.

Unvermittelt dachte ich an Imad, Justyna, Snezana, Hüseyin, Miguel, Lejla. Sie sind meine Kommilitonen. Eines Tages werden sie Juristen, Ärzte, Künstler, Forscher, Soziologen, Journalisten, Politiker meiner Geburtsheimat sein.

Dann überlegte ich, dass es eigentlich unwichtig sei, einmal ein Fremdkörper gewesen zu sein. Manche gesellschaftliche Veränderungen sind eben schleichende Schnecken. Auf die Perle in meiner Hand hauchte ich einen Kuss. Dann zog ich die Kette an.

Ich schaute noch einmal über meinen Lebenslauf, unterschrieb ihn, steckte die gesamten Unterlagen in eine weiße Versandtasche, löste eine selbstklebende Briefmarke vom Bogen. An der Tür warf ich noch einen kurzen Blick in den Spiegel, in dem ich mein so schönes schwarzes Gesicht bewunderte. Nein, ich bin keine verlorene Perle, erkannte ich. Ich bin ein Kaleidoskop, bunt, sich ständig verändernd in seinen vorgegebenen Strukturen, vielfältig und ernst zu nehmen, wie ein Kinderspiel.

Draußen donnerte es. Hoffentlich kommt die ersehnte nasse Abkühlung, dachte ich und beeilte mich, um noch vor den ersten Tropfen meine Bewerbung bei der Post abzugeben.

Behjat Mehdizadeh

Jenseits der Muttersprache

Ausgespuckt aus der Heimat!
Ausgespuckt!
Nur mit einem Koffer voller Wörter
bin weggelaufen,
gelaufen
gesprungen, hoch und höher
über die Heimatgrenze,
und gefallen
mitten auf den Mund!

Der Koffer aufgerissen,
alle meine Wörter fallen heraus,
Buchstaben auf dem Boden verstreut
wie die Gedärme aus meinem Leib!

Sie sind zerquetscht
unter den Passantenfüßen,
meine Stimme verschwunden
im Lärm.

Die verletzten Buchstaben
in den Koffer geschleppt,
mich weiter geschlichen,
Lippen aufeinander gepresst.

Ausgespuckt aus der Heimat,
ausgespuckt über die Grenze
hier in dieser Ecke,
den Koffer im Schoß,
gebückt am Rande der Stadt.

Die verwundeten Wörter
zärtlich in Bücher gebettet,
auf der Straße ausgebreitet
zum Tausch.

Namenlose Gesichter eilen vorbei,
werfen mir unbekannte Wörter zu,
meine bleiben liegen.

Die unbekannten Wörter verschlungen,
hungrig in mich hinein gestopft,
herunter gewürgt,
bilden sie eine Kugel.

Eine Fontäne aus Buchstaben und Zeichen,
unverdaulich und schwer,
schwitzt aus meinen Poren.

Neue Gebilde brechen hervor,
formlose Geschichten schreien aus meiner Kehle,
meine Wörter bleiben liegen.

Ausgespuckt aus der Heimat!
Ausgespuckt!
Nur mit einem Koffer voller Wörter,
bin weggelaufen, gelaufen,
gesprungen,
hoch und höher
über die Heimatgrenze
und gefallen
mitten auf den Mund.

Die Lehmfamilie

Eine Frau kam ins Haus und unterhielt sich so leise mit meiner Mutter, dass ich sie nicht verstehen konnte. Sie tranken zusammen Tee in der Küche. Dann kochte die Frau Wasser in einem großen Kupfertopf, und Mama holte ein paar Wäschestücke aus dem Schrank. Mit einer Stimme, die keinen Widerstand duldete, schickte sie uns nach draußen in den Hof zum Spielen. Um uns zu besänftigen, gab sie uns etwas von ihrem selbstgemachten Gebäck mit auf den Weg.

Es war einer der ersten warmen Tage im Frühling 1962 in Sabsewar. Die Sonne strahlte zwischen den Zweigen und Knospen des Kirschbaumes hervor und spiegelte sich in dem kleinen Bach in unserem Garten, der an dem großen Baum vorbeiplätscherte, die an der hohen Ziegelsteinmauer hinaufkriechende Wendelpflanze goss und murmelnd und munter durch den Nachbargarten weiterfloss.

Wir spielten da am Wasser, in dem viele kleine, dunkle Fische schwammen, und wir formten mit der feuchten Erde Figuren.

- نگاه کن چی درست کردم این باباست!

»Guck mal! Was ich gemacht habe, das ist Papa!«

Ich zeigte Behnaz eine Figur mit einem Stück Lehm zwischen den Beinen. Dann formte ich eine Figur mit zwei Hügeln auf dem Oberkörper.

- اینم مامانه!

»Und das ist Mama!«

Ich knetete noch vier kleinere Figürchen und sagte:

-این خواهربزرگه! اینم برادر بزرگه! این منم و اینم تویی!

»Das ist die große Schwester, das ist der große Bruder, das bin *ich*! Und das bist *du*!«

- این منم؟

»Das bin *ich*?«, fragte mich Behnaz.

- آره این تویی! تو از همه کوچکتری!

»Ja! Das bist *du*, du bist die Jüngste!«

Dann ließen wir die ganze Familie in einer Reihe in der Sonne trocknen. Eins, zwei, drei, vier, fünf und sechs! Du bist die sechste!

Die Zeit verstrich, und wir wurden durstig. Ich ging an die Tür vom Hof ins Haus und versuchte sie zu öffnen. Seltsam! Sie war von innen abgeschlossen. Ich rief:

- مامان! ماماااان!

»Maman! Mamaaaan?« Keine Antwort. Ich klopfte gegen die Tür, mehrmals, nichts geschah!

Ich rannte zum niedrigen mit einem weißen Vorhang zugedeckten Fenster, um meine Mutter zu suchen, konnte aber nichts sehen. Mit beiden Händen schirmte ich meine Augen gegen die Sonnenstrahlen ab, presste die Hände auf die Scheibe wie ein Fernrohr und schaute durch einen Schlitz im Vorhang hinein. Verzweifelt suchte ich nach meiner Mutter.

Schließlich entdeckte ich sie nackt mit gespreizten Beinen auf einer Matratze auf dem Boden liegen. Ihre schwarzen Locken wälzten sich auf dem Kopfkissen hin und her, während sie eine Hand auf ihren Mund presste und mit der anderen an der Matratze zerrte. Die fremde Frau kniete zu ihren Füßen. Mein Herz klopfte bis zum Hals. Ich begriff nicht, was da mit meiner Mutter passierte und was diese fremde Frau mit ihr machte.

Sie zog ein mit Schleim und Blut verschmiertes kleines Lebewesen zwischen den Beinen meiner Mutter hervor, ergriff es fest an seinen Füßchen und hielt es hoch, mit dem Kopf nach unten. Ich wagte kaum zu atmen, meine Beine zitterten, und ich stand völlig regungslos da. Ich weiß nicht, wie lange ich so dagestanden habe. Irgendwann spürte ich meine Schwester, die an mir zog. Sie versuchte, sich mit meiner Hilfe auf die Zehenspitzen zu stellen und ebenfalls durch das Fenster ins Zimmer zu schauen.

Mittlerweile hatte die Frau das Baby auf die Brust meiner Mutter gelegt. Ich sah Mama, ich sah, wie sie das Baby mit beiden Händen zärtlich umschloss. Dann kam die fremde Frau zum Fenster, scheuchte uns mit einer Handbewegung davon und machte den Vorhang ganz zu.

Vor meinen Augen wurde alles weiß.

Ich stand da und hatte das Gefühl, ich würde durch den weißen Vorhang meine Mutter sehen, wie sie sich allmählich mit dem Baby auf der Brust von mir entfernte. Auf einmal war sie ganz weit weg und unerreichbar. In diesem Augenblick sehnte ich mich wie noch nie nach ihrem warmen Körper. Gleichzeitig hatte ich das Gefühl, nicht mehr das kleine Mädchen zu sein, das ich noch eine Stunde vorher gewesen war.

Ich nahm die Hand der kleinen Behnaz in meine noch zitternde Hand, und so gingen wir langsam zum Bach zurück.

Wir saßen da nebeneinander. Die Sonne strahlte noch immer zwischen den Zweigen und Knospen des Kirschbaumes hervor und spiegelte sich im Wasser. Die kleinen dunklen Fische schwammen immer noch friedlich umher, gerade so, als wäre nichts geschehen.

Ich zeigte auf die Fische und sagte:

- بهناز! اونجا رو! یه ماهی کوچولو!

»Behnaz! Guck mal da! Da ist ein Fischlein.«

- کجا ؟

»Wo denn?«, fragte sie neugierig.

-اونجا رو میگم! یه ماهی کوچولو موچولو! می بینی؟ همین الان بدنیا آمده!

»Da! Schau doch mal, da! Ein ganz winzig kleiner Baby-Fisch. Siehst du den? Eben ist er geboren.«

Wir spielten weiter. Ich nahm ein kleines Stück feuchten Lehm und knetete ein Figürchen. Dann zählte ich alle Mitglieder unserer Lehmfamilie nochmal durch: Eins, zwei, drei, vier, fünf, sechs, klebte das neue Figürchen an die Brust der Mutter und sagte:

- و هفت!

»Und sieben!«

Behnaz fragte mich:

- هفت کیه دیگه؟

»Wer ist denn sieben?«

Agapi Mkrtchian

Das schwarze Gesicht

Es war beschlossen! Sie sollte zuerst ihrer Mutter Sprache, also Armenisch lernen, trotz der Bedenken einiger Freunde. Und bald war es soweit. An einem sonnigen Augusttag erblickte meine Tochter das Licht der Welt. Schon in den ersten Tagen ihres Lebens wimmelten Töne und Laute, Worte und Klänge um sie herum: die einen streng, nüchtern und zuversichtlich, die anderen wehmütig, melancholisch und hitzköpfig.

Ob es nun die Gene ihrer Ahnen waren oder ob es die Beharrlichkeit ihrer Mutter Sprache war, die sich im neugeborenen Leben durchzusetzen versuchte, jedenfalls fing meine Tochter zuerst an, armenische Wörter zu sprechen.

Später, als meine Tochter sowohl der Mutter Sprache als auch der Sprache ihres Vaters mächtig war, verstand sie es, je nach Situation, diese zwei Sprachen für ihre Interessen geschickt einzusetzen, besonders dann, wenn wir Streit hatten. Befanden wir uns zum Beispiel während des Streites in der Umgebung der Sprache ihres Vaters, so bat sie mich, doch in ihrer Mutter Sprache zu sprechen. Fand der Mutter-Tochter-Streit jedoch in der Anwesenheit der Verwandtschaft mütterlicherseits statt, so forderte sie mich auf, in der Sprache des Vaters zu sprechen.

Die Jahre vergingen, und ich freute mich über jeden sprachlichen Fortschritt meiner Tochter. Um in ihr noch mehr Interesse am Erlernen ihrer Mutter Sprache zu wecken, versuchte ich alles. Eines Abends saßen wir gemütlich im Wohnzimmer, und ich begann meiner Tochter zu sagen, beziehungsweise sie davon zu überzeugen, wie reich und vielschichtig die armenische Sprache sei. Ich erzählte ihr, dass es üblich sei, junge Frauen und Männer mit »Schwester« und »Bruder« und ältere Frauen und Männer mit »Mutter« und »Vater« anzusprechen. Der Tochter aber gefiel das nicht. »Wie kann man einen Mann Vater nennen, den man nicht einmal kennt, einen wildfremden Mann!«, protestierte sie und fand das einfach doof.

Als Nächstes war die Redewendung »Du hast Platz auf meinem Auge« an der Reihe. Ich erklärte ihr eifrig, dass damit die Bereitschaft anderen zu helfen, aber auch die Gastfreundschaft zum Ausdruck gebracht werde. An jenem Abend erfuhr meine Tochter viel über die armenische Sprache. Sie war neugierig und nickte jedes Mal als Zeichen ihrer vollen Zufriedenheit. Auch ich war glücklich und stolz, meine Tochter mit den Geheimnissen der Mutter Sprache noch etwas vertrauter gemacht zu haben.

An einem Sonntag, es war wieder im Sommer, waren ich und meine Tochter bei Freunden eingeladen. Wir verbrachten dort viele schöne Stunden und kehrten spätnachmittags zurück. Allerdings hatten wir auf dem Nachhauseweg eine kleine Auseinandersetzung. Ich war enttäuscht und verärgert, weil meine Tochter bei den Freunden nicht brav gewesen war. Zu Hause angekommen wollte ich noch einmal klarstellen, dass ich in Zukunft unter keinen Umständen bereit sei, solch ein Verhalten zu dulden. Am Ende fügte ich noch hinzu: »Ich bin böse auf dich, so wie du dich heute benommen hast. Du hast mich bei meinen Freunden blamiert. Du hast mein Gesicht schwarz gemacht!« Danach ging ich ins Wohnzimmer. Doch kaum hatte ich das Zimmer betreten, rannte die Tochter mir hinterher, stellte sich vor mich hin, musterte aufmerksam mein Gesicht und rief in siegessicherer Pose: »Mama, jetzt habe ich dich aber erwischt. Mama, ich schwöre dir, ich habe dein Gesicht nicht schwarz gemacht. Hier, schau doch mal!« Und dabei hielt sie mir einen Spiegel vor das Gesicht.

Alexandra Olah-Leisinger

Das Nilpferd, das in die Fremde wollte

Es lebte einst ein Nilpferd im Zoo, nicht weit von hier.
Und seine wahre Geschichte, die erzähle ich jetzt dir.

Das Nilpferd, das schnaubend und seufzend im Wasser lag,
wurde stiller und stiller, dünner und dünner, von Tag zu Tag.

Eines Tages weinte das Nilpferd große Nilpferdtränen.
(Ich will der Wahrheit halber hier erwähnen,
ob Nilpferde wirklich weinen, ist mir nicht bekannt,
wenn nicht bei uns, vielleicht in einem anderen Land.)

Wie dem auch sei,
im Grunde ist es einerlei.

Es weinte, bis sein Pfleger »Latte«
ordentlich Mitleid mit ihm hatte.
(Du hast natürlich Recht, so heißt doch keiner,
es ist eben ein Spitzname wie Heini für Heiner.)
»Latte« aß nicht nur wie ein »Scheunendrescher«,
er trank auch morgens Kakao, ganze sechs Becher.
Und dabei blieb er spindeldürr,
er konnte nichts dafür.

Wie dem auch sei,
im Grunde ist es einerlei.

Der Pfleger fragte also das traurige Tier:
»Was ist denn bloß los mit dir?«
»Mein ganzes Leben bin ich nur an einem Ort gewesen,
andere Länder kenne ich nur vom Lesen.
Ich habe immer nur die gleichen Gerüche aufgenommen
und bin nie wo anders hingekommen.

Habe nur dieselben Stimmen gehört und noch nie einen fremden Baum gesehen,
kannst du mich denn nicht ein bisschen verstehen?«

»Hmm«, sagte Latte und kratzte sich am Bart,
das war beim Nachdenken nun mal seine Art.
Er dachte und dachte, und wie konnte es anders sein,
schließlich und endlich fiel ihm auch etwas ein.

Latte hatte einen guten Freund, sein Name war Hagen
dieser hatte einen großen gelben Wagen.
Vielleicht würde er ihm den leihen, er wollte ihn fragen.
(Was meinst du, wird sein Freund dazu sagen?)

Wie es sich für einen guten Freund gehört,
hat Hagen sich nicht daran gestört,
dass seine Ladung diesmal lebendig ist,
und am Tag 30 kg Blätter frisst.
Gelassen sagte er: »Wie dem auch sei,
im Grunde ist es einerlei.«

Latte machte den Innenraum mit Heu schön weich
und holte zehn Eimer Wasser aus dem Teich.
Dann, heimlich in der Nacht,
hat er das Zoogatter aufgemacht.

Ruck zuck ist das Nilpferd ins Auto gestiegen
und mit ihm zwanzig Fliegen.
So fuhren sie durch die dunkle Nacht,
das Tier hat die Augen zugemacht.

Mit dem Morgen wurde es hell, und sie waren am Hafen,
das Nilpferd merkte nichts davon, es hat geschlafen.
Halbwach ist es dann aufs Schiff gestiegen
und mit ihm Latte und die zwanzig Fliegen.

Ich glaube nach sieben Nächten und sieben Tagen,

so genau konnte es Latte nicht mehr sagen,
kamen sie endlich in Durban an, Afrikas größtem Hafen,
das Nilpferd merkte nichts davon, es hat geschlafen.

Als es dann richtig dunkel war, spät in der Nacht,
wurde es von seinem Pfleger in den Urwald gebracht.
Das Nilpferd war noch ganz benommen
und sah viele fremde Sachen, fast verschwommen.

Erst am nächsten Tag schaute es sich um,
lief in Afrikas Urwald Miombo herum.
Endlich war es einmal an einem anderen Ort,
unglaublich weit von zu Hause fort.

Kein bekannter Geruch war zu erkennen,
keine Pflanze konnte es benennen.
Gleichgültig, wie weit es auch rannte,
weit und breit kein Baum, den es kannte.

Begeistert war das Nilpferd,
heiter und völlig unbeschwert.
Glücklicher konnte wohl niemand sein.
(Jedenfalls fiel ihm gerade keiner ein.)

Nur, wie so oft im Leben,
hat es einen Haken gegeben.
Die fremden Stimmen haben das Nilpferd ein wenig gestört,
und die seltsame Sprache hatte es auch noch nicht gehört.

Wem konnte es all seine Gedanken sagen,
wen konnte es nach den Seinen fragen?
Da gab es Latte, aber das Tier konnte nicht so mit ihm reden,
wie zum Beispiel mit dem Elch aus Schweden
oder mit dem Affen aus Peru,
da verging die Zeit im Nu.
Ach was gab es für nette Gespräche mit den Ziegen,
und hier gab es nur die stummen zwanzig Fliegen.

Das Nilpferd fühlte sich traurig und allein,
unsicher so weit von zu Hause fort zu sein.
So kam es, dass es schnaubend und seufzend im Wasser lag,
stiller und stiller, dünner und dünner wurde, von Tag zu Tag.

Und es weinte große Nilpferdtränen.
(Ich will der Wahrheit halber hier noch mal erwähnen,
ob Nilpferde wirklich weinen, ist mir nicht bekannt,
wenn nicht bei uns, vielleicht in einem anderen Land.)

Wie dem auch sei,
im Grunde ist es einerlei.

Es weinte, bis sein Pfleger Latte
ordentlich Mitleid mit ihm hatte.
Er fragte also das traurige Tier:
»Was ist denn bloß los mit dir?«

»Ich war noch nie an einem anderen Ort.
Noch nie so unglaublich weit von zu Hause fort.
Ist ja ganz schön so eine Sause,
aber wie viel schöner ist es zu Hause.«

»Hmm«, sagte Latte und kratzte sich am Bart,
das war beim Nachdenken nun mal seine Art.
Er dachte und dachte, und wie konnte es anders sein,
schließlich und endlich fiel ihm auch etwas ein.

Am nächsten Tag ist das Nilpferd auf ein Schiff gestiegen
und mit ihm Latte und die zwanzig Fliegen.
Ich glaube nach sieben Nächten und sieben Tagen,
so genau konnte es Latte nicht mehr sagen,
sind sie zu Hause angekommen,
und eines war völlig unbenommen:
Begeistert war das Nilpferd,
heiter und völlig unbeschwert.

Glücklicher konnte wohl niemand sein.
(Jedenfalls fiel Latte gerade keiner ein.)
Wie dem auch sei,
im Grunde ist es einerlei….

Fouzia Taibi

Thamazighirt inu – Meine Heimat

Die Thamazighirt meines Herzens,
der Raum, in dem ich mich frei bewege.
Fliege.
Wandere.
Bin.
Sonnenstrahlen erhitzen die Gemüter.
Trotzdem überall schallendes Gelächter.
Parkende Esel neben parkenden Autos.
Bettler, die ignoriert werden,
neben Fleisch- und Gemüsekäufern. Verkäufern.
Sitzend.
Bunte Gerüche, überall.
Der Staub wirbelt.
Nimmt sich vieles heraus.
Verschmutzt einiges.
Nicht schlimm, im ewigen Schatten ruhen einige.
Die Thamazighirt, in der ich wohne, ist schillernd und grell.
Atemberaubend familiär und gelegentlich verräterisch.
Selbstbewusst stolzieren die Bewohner
durch die kleinen, brüchigen, verstaubten Gassen.
Sie lieben es.
Gelegentlich.
Wiederum hassen sie es.
In unserer Thamazighirt ist Routine der Auslöser jeden Übels.
Ewig sich wiederholende Worte
und Taten
ohne die geringste Hoffnung auf Bewegung.
Meine Thamazighirt ist die Schönste.
Ich habe dich vor einer halben Ewigkeit verlassen.
Zurückkehren werde ich immer wieder.
Irgendwann für immer.
Meinen Seelengruß da lassend.

Dahin zurückkehrend,
wo meiner Seele Leben eingehaucht wurde
und es ihr, wann Gott will, wieder genommen wird.
Mich und meine Thamazighirt
verbindet großer Respekt und eine innige Liebe.
Sie besucht mich in meinen Träumen
und freut sich über mein
Kommen, über mein
Dasein
und über mein kurzes Bleiben.
Zur Begrüßung glänzt jede Lehmhütte in strahlendem Beige.
Selbst die kleinen Moscheen strahlen und strotzen vor Eleganz
und freuen sich
über meine Anwesenheit.
Thamazighirt inu.
Ja, Thamazighirt inu.
Ich bekenne mich zu dir voller Stolz und freue mich
ein Teil von dir zu sein.
Mein Ziel ist es, irgendwann in deinen Armen einzuschlafen.
Du bist meine Mutter in meinem Vaterland.
Hältst deine Arme stets offen.
Bittest mich ständig zu bleiben.
Doch ich muss gehen.
Meine letzte Reise führt mich zu dir,
Thamazighirt meines Herzens.

Deine Sprache, Mutter...

Jede Silbe ist
Deine
Jedes Wort mit dir
Eins
Dichtend, Mutter
Smaragdgrüne Seide
In deiner Stimme
Der Klang
In ihrer Schönheit
Schweigend, Mutter
Unvergesslich
Ruht deine Zunge
Im Paradies
Ewig lausche ich deinem Gesang
Deine Sprache, Mutter
Ist mein
Zuhause

Arbeitsalltag

Sie stellen mir Fragen
Ich antworte
Sie sind nervös
Ich beruhige sie
Sie legen das Gepäck auf das Rollband
Ich lächle
Ich händige ihnen die Bordkarten aus
Sie lächeln und gehen
Sie gehen
Ich bleibe
Sie gehen und ich bleibe

Ich stelle mir Fragen
Keiner antwortet
Ich bin nervös
Keiner beruhigt mich
Ich nehme das Gepäck entgegen
Sie lächeln
Sie gehen
Ich bleibe
Sie gehen und ich bleibe, bleibe...

Lori Tengler

Jane Smith, und nicht nur Jane

Jane Smith war sich immer ihrer selbst sicher. Alles schien ihr leicht zu fallen. Schon in ihrer Kindheit zeigte sie Schuleifer und Wissensdurst. Ihre Eltern waren sehr erstaunt, als sie, das kleine Mädchen, eines Morgens vor dem offenen Schlafzimmerfenster stand und hinausschaute, um das Vogelgezwitscher zu hören. »Welche Sprache sprechen sie? Kann ich das auch lernen?« fragte sie.

In der Schule trug sie einen Schatz in sich, der darin bestand, dass sie Lieder und Gedichte nicht nur auswendig lernte, sondern dass die Laute, Motive und Rhythmen auch ihre Seele beflügelten. In ihrer Klasse legte die Lehrerin mehr Wert darauf, dass das auswendig Gelernte auf das Papier sollte. Oft wurde das junge Mädchen kritisiert, weil es bestimmt abgeschrieben hätte. Empört scheute es sich nicht, vor der Klasse zu stehen, um zu beweisen, dass das nicht der Fall war, und erntete dafür Beifall.

Jane Smiths Schullaufbahn war bemerkenswert. Mit Fleiß erreichte sie einen guten Notendurchschnitt. Englisch, ihre Muttersprache, die einen so reichen Wortschatz und Idiome aufweist, übte einen besonderen Reiz aus. Es faszinierte sie, mit ihr zu spielen. Sie sammelte Wörter, wie andere ihrer Spielgefährten Murmeln oder Fußballkarten. Sie genoss es, Wörter wie *fragile, creamy* und *crazy* auf der Zunge zu rollen und die Konsonanten auszudehnen. Sie staunte über *tissue paper* und *snowflakes.* Mit geschlossenen Augen stellte sie sich *flurries of snow* und *a sprig of mint* vor. Lachend spielte sie mit *squish, squash* und *squeal,* und daraus wurde sogar ein Reim.

Auf ihre spontane, spritzige Art lernte sie ausgefallene Wörter, aber auch eine präzise und gewählte Ausdrucksweise. Mit ihren

Freundinnen unterhielt sie durch all die Jahre einen regen Schriftwechsel. Ihre Briefe waren lang, allzu lang, voll witziger Ideen und ungewöhnlicher Gedanken. Wenn sie keine Ideen mehr hatte, setzte sich Jane auf ein gemütliches Sofa am Fenster, lehnte sich gegen den Sims und nahm ein Buch aus einem Stoß Bücher, die sie aus der Bibliothek ausgeliehen hatte. Sie schlug hier und dort nach und fand Wörter, die sie ebenso begeisterten, wie die Wörter, die sie in vielen Briefen entdeckte, die in einer Holztruhe auf dem Dachboden ihres Familienhauses lagen. Sie vergaß Zeit und Raum um sich. Sie las und las und irgendwann griff sie nach dem Stift und erweiterte ihre Sammlung. Es machte ihr nichts aus, in ihrem Zimmer lange zu sitzen, zu lesen und zu schreiben.

Es dauerte nicht lange, bis sie in ihrem Übermut den Wunsch äußerte, vor der ganzen Schule einen Vortrag zu halten. Auf diese Weise wollte sie nicht nur ihr Wissen ausprobieren, sondern auch die Art, wie man etwas vermittelt. Sie wusste, dass sie damit Anerkennung bekommen würde, da sie sich wortgewandt ausdrücken konnte.

Später, als sie älter wurde, dachte sie, dass es schön wäre, Englischlehrerin zu werden. »Kommunikation ist meine Stärke«, sagte sie sich. Sie stellte sich vor, vor einer Klasse zu stehen, respektiert zu werden und die Fähigkeit zu besitzen, andere für ihr Fach zu interessieren, sogar dafür zu begeistern. Sie verwirklichte diesen Berufswunsch.

Eines Tages klingelte es an ihrer Haustür. Es war nicht außergewöhnlich, einen Staubsaugervertreter zu begrüßen, aber sie zuckte zusammen, als dieser aufgeregt und nervös mit einem groben Akzent nach Worten suchte.

Der Mann war groß und rund wie ein Fass, bärtig und ungepflegt. Sein Gesicht aber war ernst, und seine Augen waren dunkel. Der Schweiß im Gesicht war auffällig. Eifrig nahm er sein Taschentuch und begann, sich die Stirn abzuwischen.

»Gut Morning, madam, I habe here a ding to clean floors. Do you have interest?«

Der Verkäufer hob einen Kompaktstaubsauger vor ihre Augen.

»I don't need a new one. I already have one«, antwortete sie mitleidsvoll.

»I give it you cheaper«, stammelte er.

Sie war skeptisch. »What does cheaper mean for you?«, fragte sie.

»Dirty dollars less«, antwortete der Mann.

»Do you call that cheaper?«, fragte sie überrascht.

Er schwieg verlegen.

»Es ist mir egal, was er verkauft«, dachte Jane, »aber hier ist jemand, der meine schöne Sprache verunstaltet. Wie kommt das?« Sie blickte auf diesen Mann, der nun nervös die verkrampften Hände dehnte und sich am Kopf kratzte.

Sie konnte nicht wissen, dass dieser Mann gerade eingewandert war und händeringend eine Arbeitstelle suchte, um das Gefühl zu bekommen, dass er wenigstens diese Arbeit bewältigen und die fremde Sprache mehr oder weniger meistern konnte. Natürlich wollte er später seinen früheren Beruf als Bankangestellter wieder ausüben.

Die Sprachgewandte bat ihn herein zu kommen und setzte sich mit ihm an den Tisch. Ihre Neugier wollte wissen, wie solches möglich sei, und ihre freundliche Art versuchte, dem Vertreter seine Sicherheit und Würde zurückzugeben.

Er erklärte, dass er nicht so gut reden könne wie sie, weil er ein Ausländer sei.

Worauf sie antwortete, dass hier alle Ausländer in diesem Land sind.

«Oh, Madame, manche fühlen sich mehr als andere. Ich muss mich müde und matt arbeiten und ich komme nicht voran«, erwiderte der Mann.

Zum ersten Mal in ihrem Leben wurde sie mit einer anderen Sprache direkt konfrontiert. Auf einmal spürte sie sogar eine Sehnsucht, seine Sprache zu lernen: Deutsch.

Daran gewöhnt, ein fremdes Projekt in Angriff zu nehmen, versuchte sie entschlossen, in diese andere Sprache zu schlüpfen.

Wie üblich in ihrem Land, erhielt sie den gesamten Sprachunterricht in ihrer Muttersprache. Er war nicht praxisorientiert. Es gab kaum Gelegenheit, die Fremdsprache zu benutzen, und wer nicht wollte, machte den Mund nicht auf. Es war anstrengend, sich die Fälle zu merken. Es blieb meistens beim Formendrill und Vokabelabfragen oder beim Übersetzen von ein paar rudimentären Sätzen. Mit geringen Sprachkenntnissen, meinte sie, würde es trotzdem zur Verständigung reichen.

Sie war von ihrer Sprachbeherrschung trotz dieser kurzen Zeit des Lernens überzeugt. Getrieben auch von Neugier und Reiselust und der Tatsache, dass der häufige Gebrauch der Sprache die Kenntnisse festigen würde, dachte sie, dass ein Streifzug durch Süddeutschland fällig wäre. Neuschwanstein und München wollte sie unbedingt besuchen.

Sie legte fest, wie und wohin sie reisen wollte. Ihr unabhängiger Geist traute sich vieles zu, und sie bestand darauf, ihrem eigenen Weg zu folgen. Keine organisierten Touren oder Busausflüge. Sie buchte eine Reise für zwei Wochen, und mit Koffer und einem kleinen Budget kam sie im Sommer nach München.

Sie hatte oft vom »jetlag« gehört, fühlte sich aber bei ihrer Ankunft eigentlich recht munter.

»Vielleicht ist man mit dreißig«, dachte Jane, »ziemlich fit, und es trifft diese Altersgruppe nicht.«

Am Münchener Hauptbahnhof herrschte ein buntes Treiben. Menschen liefen in allen Richtungen hin und her. Eilig hastende Reisende rempelten sie an und schoben sie beiseite. Drüben sah sie, wie ein auf dem Boden sitzender alter Bettler mit matter Stimme um Geld bettelte. Neben ihr humpelte ein Mann mit einem verknitterten langen Mantel und einem alten abgewetzten Koffer in Richtung Bahngleise. »Soll ich ihm helfen, er verpasst bestimmt seinen Zug«, dachte sie. »Aber wie drücke ich mich aus?«

Die Anzeigetafel spulte Abfahrtszeiten herunter, und die Durchsagen über den Lautsprecher hüllten den Bahnhof in lauten Lärm.

Endlich fand sie den Informationsschalter und fragte nach, wo preiswerte Hotels zu finden seien. Mit einer Liste machte sie sich auf den Weg, um selbst eins auszusuchen. Vorbei an den Menschen, die an den Gleisen standen und auf ihren Zug warteten, spürte sie den Duft aus den Wurstbuden aufsteigen, und ihr knurrender Magen meldete sich.

Das Hotel war einfach und preiswert. Sie wollte sowieso nicht lange dort verweilen. Keiner stellte Fragen. Sie legte den Pass auf das Pult der Rezeption und bekam einen Schlüssel, stellte den Koffer im Zimmer ab und stieg die Treppe hinunter. Aus Gewohnheit schrieb sie hastig den Namen des Hotels, der an der Eingangstür stand, auf der Straße auf einen Zettel und steckte ihn in ihre Tasche. Sie wollte keine Zeit verlieren, es gab so viel zu sehen.

Mit ihrem Rucksack stand Jane Smith auf der Straße. Sie fühlte sich leicht und unternehmungslustig. Es wimmelte von Radfahrern und Bussen. Straßenmusiker belebten die Atmosphäre. Fußgänger flanierten auf den Gehsteigen und plauderten ein wenig mit den Verkäufern an den Ständen.

Auf Deutsch gesprochen hatte sie bislang noch nicht, aber sie hatte das Bedürfnis danach. Sie redete gleich drauf los und fragte eine junge Frau: »Wie spät ist es, bitte?«

»Eleven o'clock«, erwiderte die Frau.

Irritiert lief Jane Smith weiter, bis sie ein Café entdeckte. Sie bestellte ein Glas Tee. Der Kellner ging ohne eine Bemerkung wieder weg. »Er hat mich verstanden.« Ein kleiner Triumph! Sie atmete erleichtert auf.

Beim Mittagessen saß sie auf der Terrasse eines Restaurants unter einem Sonnendach. Überraschend für sie war die Speisekarte. Es war so leicht zu bestellen, wenn man *brunch, drink, snacks* und *sandwich* las, um nur ein paar Wörter zu nennen. Der Kellner brachte sie zum Lachen, indem er fragte: »Would you like to become a Hamburger, Madam?«

Erstaunt bemerkte sie die Flut von Anglizismen, nicht nur auf der Speisekarte, sondern auch in der Werbung. Mit dem Slogan »Come in and find out« versuchte eine Parfümerie Kunden anzulocken. Nebenan warb eine Fluglinie mit »There's no better way to fly«, und ein Reisebüro zeigte Dutzende »last minute«-Angebote im Schaufenster. Als sie in eine Buchhandlung ging, sah sie einen Büchertisch voller »Bestseller«. In einem Kaufhaus erkannte Jane vertraute Markenartikel. Sie konnte nicht glauben, dass ein Schild auf einer Kaffeemaschine mit »designed to make a difference« für die meisten Menschen auf der Straße verständlich wäre. Überall, egal, wo man hinschaute, stand »Sale« an der Ladentür.

Später wanderte sie eine große Straße entlang, nahm ihren Stadtplan zur Hand und fand das Deutsche Museum. Dort brachte sie die Sprachen durcheinander. »Excuse me, können Sie mir sagen, where is the Toilette?« Die Antwort kam ihr wie ein Wortschwall vor, aber es tat ihr gut, sagen zu können, was sie suchte und die Antwort mehr oder weniger zu verstehen. Sie machte Fortschritte. Sie strahlte übers ganze Gesicht, trotz ihrer fehlerhaften Sätze.

Jane Smiths letztes Ziel an ihrem ersten Tag war der Englische Garten, eine Oase der Ruhe im Herzen der Großstadt. Sie wollte unbedingt diesen Park erkunden und sowohl den Chinesischen Turm als auch einen Biergarten besuchen. Sie machte einen Rundgang und bewunderte die sauberen Wege und das saftig grüne Gras, das wie ein Teppich aussah.

Unter einem Kastanienbaum stand eine Bank, auf der eine junge Frau, in ein Buch vertieft, saß. Sie setzte sich neben sie und genoss die Ruhe, schloss die Augen und dachte, wie außergewöhnlich es für sie war, nur dazusitzen und die Frau nicht sofort in ein Gespräch zu verwickeln. Oft hatte sie das Bedürfnis, mit anderen zu reden. Gar zu gern hätte sie dieser Frau erzählt, dass sie auch eine Leseratte sei.

»Wie ist diese Frau zum Lesen gekommen?«, fragte sie sich, neugierig wie immer. »Ich weiß, wie ich zu diesem Club der Lesenden gekommen bin«, dachte sie. Von Kindesbeinen an saß sie auf Mutters Schoß in einem Schaukelstuhl, während diese ihr vorlas. Mit der Zeit war das zum Ritual geworden.

Sie fragte sich, ob diese Frau immer zum Lesen hierher kam. War das für sie auch ein Ritual? Ihr Lieblingsplatz? Sie schloss die Augen und sah sich, wie sie mit sieben Jahren die Straße überquerte und an die Tür ihrer Nachbarin klopfte. Mrs. Hunter wusste sofort, warum sie kam. Sie hatte in ihrem Garten ein Baumhaus, das sie immer benutzte, wenn sie ein Buch lesen wollte. Eine herrliche Erinnerung.

Plötzlich stand die lesende Frau auf, sagte »Auf Wiedersehen« und ging. Jane seufzte: »Schade, dass wir uns nichts mitteilen konnten. Das war eine verpasste Gelegenheit.«

Es wurde allmählich dunkel. Wie schnell doch die Zeit verging. Sie wollte zurück zu ihrem Hotel. Es dauerte nur wenige Minuten, um zu merken, dass sie die Orientierung verloren hatte. In welche Richtung sollte sie gehen?

Ein junger Mann, wohl ein Student, der seine Semesterferien gerade genoss, saß auf einer Bank in der Nähe. Ohne zu zögern, fragte sie ihn auf Deutsch nach der Straße, an die sie sich erinnerte, weil sie so viele »s«-Konsonanten beinhaltete. Er war sehr freundlich und sagte, dass er sowieso gehen wollte und ob er sie begleiten dürfte. Während die beiden auf einen Parkausgang zusteuerten, fand er es schön, sein Englisch üben zu können, und sie erfuhr, was er studierte. Sie hatte ihn alles auf Deutsch gefragt.

»Studieren Sie in München?«, fragte Jane. »Und kommen Sie aus dieser Stadt?«

»Ja, ich bin fast fertig mit meinem Studium, nächste Woche habe ich vier schriftliche Klausuren, und deshalb bin ich eifrig am lernen. In unserem Studentenheim ist es zu laut. Ich mag es, hierher zu kommen, weil es so ruhig ist. Und ich habe immer Abwechslung, wenn ich will.«

»Oh, bitte langsamer sprechen. Ich verstehe nicht alles«, bat ihn Jane.

»Pardon«, antwortete der Student, »es ist leicht zu vergessen, dass ich zu schnell spreche. Do you like it here?«

»Ja, hier im Park ist es wunderbar. Das Wetter ist super. Ich bin glücklich und die Deutschen sind freundlich.«.

»Waren Sie den ganzen Nachmittag im Englischen Garten? Was hat Ihnen gefallen«?, fragte der junge Mann.

»Ich hatte beer in a Bierstein und Schnitzel. Lecker!«, schwärmte sie.

Zufrieden dachte sie an ihren ersten Tag und wie sie fast überall die Sprache gemeistert hatte. Sie war mächtig stolz auf sich und überzeugt, dass eine Sprache leicht zu erlernen sei.

Wenig später sagte der junge Mann, dass dies hier die »Josephspitalstraße« sei. Er fragte nach dem Namen des Hotels. Sie kramte den Zettel aus ihrer Tasche und gab ihm diesen zu lesen. Plötzlich lachte er schallend. Auf dem Zettel stand »Hotel Eingang.«

Venera Tirreno-Schneider

Worte und parole

Worte, parole, words, mots, palabras,
rijeci, sanoja, kelimler, wièrder
aufgeschrieben, ausgesprochen,
buchstabiert, auswendig gelernt,

aneinander gekettet, gereiht,
umschlingen meinen Körper
ein Panzerkleid.

Ein Kleid aus Metall windet sich
wie eine Schlange um mich herum.
Ich wandere durch das Leben.

Unter der schweren Last
bewege ich mich mit Stolz und Freude
und großen Schritten vorwärts.

Schicksalsgenossen begegne ich.
Sie teilen mit mir die Last.
Sie gehen mit mir, begleiten mich.

Stück für Stück, allmählich
lösen sich die Ketten auf.
Wie eine Artischocke,
der man Blatt für Blatt abzieht.

Fremdworte strömen mir leicht
aus dem Munde. Es löst
ein gesprochenes Fremdwort,
befriedigtes Lächeln aus.

Viele Jahre sind vergangen,
lange Wege zurückgelegt.
Mein Ziel erblicke ich: Klar und hell

das Ziel des freien Sprechens.
Ich bewege mich ungehemmt,
zwischen zwei Welten:

zwei Mutterländer
zwei Muttersprachen
zwei Vaterländer

Die Brotverkäuferin

Dass mein Vater es nicht geschafft hat, mich davon abzubringen, diesen verrückten Umzug nach Deutschland anzutreten, habe ich ihm nie verziehen.

Ich stand kurz vor dem Abitur, doch schien das meinen Vater nicht besonders zu beschäftigen. Selbstverständlich war es mein größter Wunsch, nach Deutschland zu fahren. Ich war neugierig auf die großen blonden Männer mit den dicken Autos.

Ich hatte von Frankfurt und Heidelberg gehört. »Da muss ich hin«, sagte ich mir. Mein Vater hatte zwar versucht, mich zu überreden in Italien zu bleiben, wenigstens bis zum Schulabschluss, aber es war ein halbherziger Versuch gewesen.

»Hätte er als verantwortungsvoller Vater mich nicht dazu zwingen müssen, in Italien zu bleiben, um meinen Abschluss zu machen? Wie konnte er sich von meinem Kindertraum blenden lassen? Hätte er mich nicht auf die Konsequenzen einer Umsiedlung aufmerksam machen müssen? Das habe ich bis heute nicht verstanden.

Ich war gerade siebzehn Jahre alt und stand kurz vor dem Abitur, als mein Vater beschloss, sich von unserer Familie zu trennen. Er wolle einige Zeit allein leben. Das Lederwarengeschäft, das er jahrelang geführt hatte, wolle er aufgeben. Er fügte hinzu, dass es neben unserer Mutter keine andere Frau in seinem Leben gäbe, das sollten wir wissen.

Ich hatte damals gedacht, dass der eigentliche Grund seiner plötzlichen Abreise die vielen *Verehrer* meiner Mutter waren. Dieser Meinung waren auch meine ältere Schwester und mein jüngerer Bruder. Meine Mutter, eine reizende kleine Blondine, wurde von vielen Bewunderern umschwärmt. Wenn sie alleine auf die Straße ging, bildete sich hinter ihr eine Ansammlung von

Männern, deren Augen wie die Blicke eines Uhus auf sie gerichtet waren.

Papa litt darunter, was man bereits an seinem ernsten und verschlossenen Gesichtsausdruck erkennen konnte. Denn er war, wie alle Sizilianer, eifersüchtig. Nun wollte er verreisen. Weit weg von seiner Heimat. Er wollte etwas Neues in einem anderen Land anfangen. Die Reise führte ihn nach Deutschland.

Doch allein hielt er es dort nicht lange aus. Knapp sechs Monate nach seiner Abreise erhielten wir einen langen Brief:

»Ich bin sehr einsam, mein Mund und meine Lippen fühlen sich wie gelähmt an. Meine Zunge weigert sich, eine neue Sprache anzunehmen. Aber manchmal muss ich nun mal meinen Mund benutzen, und deshalb muss ich ihn zwingen, sich eine fremde Sprache anzueignen.«

Und weiter:

»Einmal wollte ich Pane kaufen. Auf Deutsch sagt man Brot dazu. Aber das B, hat man mich gelehrt, soll ein bisschen wie P ausgesprochen werden. Ihr müsst auch wissen, dass die deutsche Sprache reich an Vokabeln ist, die vier zusammenhängende Konsonanten, z.B. *»schn«*, haben. Das wird *»sci«* wie *sciare* ausgesprochen. Ob ich es einmal schaffen werde, diese Sprache zu sprechen?

Zum Glück habe ich eine nette Familie kennengelernt. Familie Heiler. Sie betreibt eine Bäckerei. Sie haben mir eine möblierte Wohnung angeboten. Habt ihr Lust nach Deutschland zu kommen?«

Meine Mutter, und meine Schwester waren zunächst nicht sehr begeistert von diesem Vorschlag, zumal meine Schwester einen neuen Freund hatte. Mein Bruder war zu jung, um sich über seine Zukunft Gedanken zu machen. Die Einzige, die von dieser Idee begeistert war, war ich. Vielleicht lag es daran, dass ich meinen Vater immer für einen Held gehalten habe. Nun erwartete ich von ihm in Deutschland Heldentaten.

Mit meiner Mutter und meinen Geschwistern fuhr ich nach Deutschland. Dort angekommen war es vor allem der Kontakt zu der Bäckersfamilie, die mein Heimatland und die italienische Sprache sehr liebten, und die zu meinem späteren Glück beigetragen haben.

Herr Heiler, der Bäcker, sein Vorname war Rudolf, war ein liebenswürdiger Mensch, ja vielleicht der liebenswürdigste, dem ich jemals begegnet bin. Ich kann nicht genau erklären warum, aber ich glaube, dass ich während meines Aufenthaltes in Deutschland keinen anderen Menschen getroffen habe, der so höflich und hilfsbereit war, wie es Herr Heiler mir gegenüber war.

Er fuhr damals einen großen BMW, dessen Sitze einen typischen Ledergeruch hatten, der mich manchmal an die Werkstatt meines Vaters erinnerte, in der er früher Schuhe angefertigt und verkauft hatte.

Sobald seine Arbeit es ihm erlaubte, holte mich Herr Heiler ab, und wir fuhren mit seinem prachtvollen BMW in das nahegelegene Städtchen. Seine Frau war oft nicht dabei, denn einer von ihnen musste wohl in der Bäckerei bleiben. Meine Schwester bevorzugte es daheim zu bleiben um fernzusehen. Wir besuchten die elegantesten Cafés und aßen herrlichen Kuchen. Ich fragte mich, warum er mich in diese Cafés ausführte, schließlich gab es bei ihm selbst die köstlichsten Backwaren.

Herr Heiler war nicht alt oder, um mich präziser auszudrücken, ich kannte sein Alter nicht und konnte es auch nicht einschätzen. Er war zum Teil behindert. Diese Behinderung ließ ihn in meinen Augen jedoch noch sympathischer erscheinen. Er war ein Kriegsversehrter. Seine rechte Gesichtshälfte wies große Narben auf. Auch war sein rechtes Auge deutlich nach unten verschoben. Die Haut an seinem linken Arm hatte schwere Verbrennungen erlitten. Dadurch war der Arm steif geworden und zu einer rechtwinkligen Haltung gezwungen. Wegen dieser Haltung sah es aus, als ob Herr Heiler ständig am Betteln war. Nicht nur ein Arm, sondern auch ein Bein war stark vernarbt. Trotzdem empfand ich, wenn ich ihn anschaute, weder Ekel noch Mitleid. Sympathie und Anerkennung füllten meine Seele. Denn Herr

Heiler war immer eine gut gelaunte Person mit einem Lächeln auf den Lippen.

Wenn er seine Brote in den Laden der Bäckerei trug, konnte man Stolz in seinen blauen Augen erkennen. Ja, ich bin mir sicher, dass er stolz auf seine Kunstwerke war. Denn die Art, wie er die Brotlaibe auf dem Blech aufgereiht hatte, verdiente diese Bezeichnung. Wenn er seinen Laden betrat, schien sich seine gute Laune auf die Kunden zu übertragen, während der Duft der warmen Brotlaibe den kleinen Laden füllte und durch die Ladentür auf die Straße hinausdrang.

Frau Heiler sah blendend aus. Sie entsprach dem Schönheitsideal, das ich von einer deutschen Frau hatte. Vielleicht lag es daran, dass sie rundlich und wohlgenährt war. Wie dem auch sei, ich mochte ihre altrosafarbenen Wangen, die die Farbe ihrer blauen Augen besonders hervorhoben. Ihre kurzen blonden Haare passten vorzüglich zu ihrem ovalen Gesicht.

Im Laden trug sie immer eine mit bunten Blumen gemusterte Schürze, die sie eng um ihre Taille gebunden hatte und ihre runden Hüften betonte. Im Vergleich zu ihrem fülligen Körper war ihre Taille recht schmal. Sie hatte eine sehr weibliche Figur. Wenn ich zurückdenke, dann vermute ich, dass auch mein Vater ihren Anblick sehr erfreulich fand, was meine Mutter mit gewisser Ironie duldete.

»Wir haben zwar genug Brot im Haus, aber du schläfst besser, wenn wir weitere Vorräte anlegen, nicht wahr, mein Schatz?«

Dies war ein Satz, den meine Mutter oft und ein wenig herausfordernd aussprach, wenn mein Vater in die Bäckerei fuhr.

Frau Heiler kam manchmal zu uns, wenn sie mit dem Auto Brot und Kuchen bei Kunden auslieferte. Sie blieb lange, um uns das Geheimnis des Kuchenbackens beizubringen. Es waren angenehme Nachmittage, die wir zusammen verbrachten. Mama kochte immer einen Espresso, den wir zum Kuchen tranken. Mein Bruder und meine Schwester vergnügten sich damit, den restlichen Teig zu Plätzchen zu verarbeiten

Frau Heiler konnte einige Sätze Italienisch, die Sprache, die mir zwar in die Wiege gelegt worden war, von der ich mich aber jeden Tag ein bisschen mehr entfremdete.

Frau Heiler war eine gebürtige Bremerin und hatte einige Semester Germanistik studiert. Möglich dass sie sich deshalb bemühte, mit uns ein gutes Deutsch zu sprechen. Ich wunderte mich aber, wie eine gebildete Frau, die sie war, einen Bäcker als Ehemann hatte auswählen können.

»Der Krieg hat leider die Pläne vieler Menschen durchkreuzt, auch meine. So ist nun mal das Leben!«, sagte sie gelassen und lächelte dazu.

Ich war begierig, die neue Sprache, deren Klang mich von Anfang an fasziniert hatte, so schnell wie möglich sprechen zu können. Diesen Wunsch hatte Familie Heiler sofort erkannt. Ich war tief gerührt, als mir Frau Heiler kurze Zeit später anbot, im Bäckerladen zu arbeiten.

Vermutlich hatte Familie Heiler gar nicht die Absicht, meine Fähigkeiten als Verkäuferin einer genauen Prüfung zu unterziehen, sondern wollte mir wohl eher Gelegenheit geben, die gerade erlernte Sprache zu verbessern, was ich auch als sehr notwendig ansah. Durch den Umgang mit Menschen sollte es mir erleichtert werden, mit der deutschen Sprache vertrauter zu werden.

Schnell machte ich Fortschritte. Bald war ich in der Lage, mich mit den Kunden zu unterhalten. Ich hatte schon einige Begriffe der Bäckersprache gelernt und vieles andere noch dazu.

So kam es, dass ich als Verkäuferin arbeiten konnte – und nebenbei auch als Mannequin in einem Modeladen, um mein Taschengeld aufzurunden. Mehr Freude bereitete es mir aber, die wunderbaren warmen und knusprigen Brote und Brötchen in meinen Händen zu halten.

Manchmal drehte ich sie heimlich hin und her, bevor ich sie in Papier einwickelte und den Kunden aushändigte. Ein unbeschreibliches Gefühl überkam mich. Ich bildete mir ein, ein Stück Gold in den Händen zu halten. Manchmal wünschte der Kunde nur einen halben Brotlaib zu kaufen, und ich musste das Brot durchschneiden. Mir war nicht wohl dabei, dieses großartige Kunstwerk mit einem scharfen Messer zu zerstören. Und dennoch, während ich diese Tat ausführte, genoss ich den aromatischen Duft, der aus dem Brotinneren strömte und in meine Nase zog.

An das knisternde Geräusch, welches das Messer beim Eindringen in die Kruste verursachte, kann ich mich heute noch erinnern. Dabei spürte ich, wie eine Gänsehaut mich überlief. Was ich besonders reizvoll fand, war die Belohnung, die ich oft bekam. Diese Belohnung bestand aus einem Brot oder Kuchen. Manchmal bekam ich Puddingstückchen oder Nussecken, deren Duft mir heute noch präsent ist.

In dem kleinen Dorf lebten und arbeiteten viele Italiener. Damals bürgerte es sich ein, dass Firmen die Löhne der Arbeiter auf ein Bankkonto überwiesen. Die italienischen Arbeiter, die ich dort traf, waren zum Teil nicht in der Lage, ihren eigenen Namen zu schreiben und fühlten sich mit Bankgeschäften, bereits bei der Eröffnung eines Kontos, überfordert.

Durch meine Tätigkeit in der Bäckerei hatte ich gute Fortschritte im Umgang mit der Sprache meines Gastlandes gemacht. Es waren erst knapp vier Monate vergangen, als Herr Heiler mich eines Tages fragte, ob ich Lust hätte, als Dolmetscherin bei der gegenüberliegenden Bank zu arbeiten.

»Barbara, du kannst nicht ewig Brote verkaufen. Du musst an deine Zukunft denken und deine Stärken anderweitig einsetzen. Du könntest deinen Landsleuten unter die Arme greifen und ihnen aus der Sprachmisere helfen. Dies ist keine Idee von mir, sondern auch der Wunsch deines Vaters. Und er kennt dich sicher gut genug und weiß, was du kannst und was für dich besser ist.«

»Dolmetscherin? Ohne Vorkenntnisse?« Hatte Herr Heiler nicht mein Können überschätzt? »Ich fühle mich unsicher«, gab ich zu bedenken.

»Wir werden es schon hinbekommen«, versicherte mir Herr Heiler. »Dafür wird Herr Droschke, der Direktor der Bank, schon sorgen. Schließlich hast du zwei Monate Zeit, um dich auf deine neue Tätigkeit vorzubereiten.«

Er sprach in einem väterlichen Ton zu mir. Dabei schaute er mich so herausfordernd an, dass ich nicht nein sagen konnte.

Ich bin damals Italienern begegnet, die in meinen Augen großartige Menschen waren, obwohl sie im Dunkel der Einsamkeit lebten – sie waren nicht in der Lage, weder ihre Muttersprache korrekt, geschweige denn Deutsch zu sprechen. Das war es, was meine Arbeit erheblich erschwerte.

In ihren Gesichtern war die ganze Traurigkeit und Scham dieser Welt eingegraben. Denn unter ihnen waren – wie ich später erfuhr – Analphabeten. Das Mitleid, das ich für sie empfand, war größer als ihre Scham.

Am Anfang war es mir fast unmöglich, die Gespräche mit ihnen in einer verständlichen Weise zu übersetzen. Dennoch gab ich nicht auf. Ich nahm mir stattdessen vor, nicht nur meinen Landsleuten, sondern allen Gastarbeitern zu helfen, die ähnliche Probleme hatten. Damals kamen die ersten Spanier und Griechen nach Deutschland. Später dann auch Türken, um den Aufbau Deutschlands zu beschleunigen.

Schnell lernte ich das Deutsch der Ausländer verstehen. Ich hatte herausgefunden, dass die Gastarbeiter eine Methode besaßen, mit ihrem geringen Vokabelschatz zu jonglieren, um sich verständlich zu machen. Leider waren die Bankangestellten damit überfordert und gleichzeitig froh, wenn ich zu Hilfe kam. Das magische Sprachgespür, das ich inzwischen entwickelt hatte, erlaubte es mir, die eingedeutschte Sprache der Ausländer zu verstehen und sie in eine artikulierte Sprache zu übersetzen oder besser gesagt umzuformulieren.

Das alles ist schon so lange her, dass die Gerüche und die Bilder dieser Zeit verblasst sind, aber vergessen habe ich sie nicht. Vergessen werde ich sie niemals.

Auch nicht, dass mein Vater alles daran gesetzt hat, dass ich mich in einer fremden Umgebung integrierte und wohl fühlte. Dafür kann ich ihm nicht genug danken.

Ida Todisco

Letzte Lügen

Das Fahrrad blieb noch wochenlang mit den kaputten Reifen bei uns im Hinterhof stehen. Unbeachtet. Nebensächlich geworden, wie all die Dinge und Neuigkeiten, die danach um uns herum passierten. Mit einmal unbedeutend wie das Wetter, wie die einzelnen Blätter an unserem Küchenkalender, die einfach nicht mehr abgerissen wurden, obwohl meine Mutter die Rezepte sonst sorgfältig sammelte und chronologisch zum Nachkochen abheftete.

Eine Zeitlang war alles wie in einem dieser Märchen. Erstarrte, eingefrorene Zeit. Nichts von der Welt da draußen, von ihrem Alltag oder ihren Ereignissen konnte mehr bis zu uns nach Hause vordringen, und wir lebten für eine kurze Zeit nur in dieser *einen* Geschichte. Ich habe meinen Vater seitdem nie wieder angelogen. Nicht ein einziges Mal.

In jenem Sommer erfuhr ich zum ersten Mal, was es bedeutete, Schuld auf sich zu laden. Dieses Gewicht zu spüren bei jedem Schritt, auch wenn es völlig absurd war zu glauben, dass ich und mein Verhalten etwas ausgelöst oder gar verursacht hätten in dieser Geschichte. Wie gesagt, es war absurd, kindisch, pubertär oder sonst was, aber in diesem viel zu heißen Sommer habe ich es so empfunden, habe mich störrisch und abweisend der zärtlichen Frage meiner Mutter, ob mich denn etwas bedrücke, entzogen. Und über meine so lang ersehnten Ferien legten sich fette, dunkle Wolken. Heute, nach all den Jahren, muss ich über mich, wie ich damals war, lächeln und schäme mich fast ein wenig über das Chaos und die Angst, die das Ganze in dem fast zwölfjährigen Jungen auslösen konnte.

Juli. Eigentlich war in diesem Juli wirklich schon genug bei uns los. Mein großer Bruder stand gestresst vor den mündlichen Abiturprüfungen, meine kleine Schwester Elisa sprach seit Wochen von nichts anderem als ihrer bevorstehenden Einschulung, während sie dabei mit dem noch in Schutzfolie verpackten Schulranzen durch unser Wohnzimmer stolzierte, und ich, das Mittelfeld, wie meine Eltern mich bei Aufzählungen gerne nannten, bekam zu meinem Geburtstag, neben einer Unzahl Pickeln im Gesicht, ein nagelneues Fahrrad. Und dies, obwohl meine Eltern gedroht hatten, mir nie wieder eines zu schenken. *N-i-e* buchstabierte mein Vater und setzte verstärkend die italienische Variante *m-a-i* hinterher. Exakt das gleiche Rad hatte ich wenige Monate zuvor von ihnen zu Weihnachten geschenkt, doch noch vor den Heiligen Drei Königen am alten Sportplatz wieder gestohlen bekommen. Aber das ist eine andere Geschichte.

Die Fahrradsache soll nur zeigen, wie ich damals durch den Wind war, wie wenig ich mich oder mein Leben im Griff hatte, wie verunsichert ich durch all die Veränderungen an mir und den anderen in meiner Clique war, wie ich herumeierte. Ständig verlor ich etwas oder bekam es geklaut, war nervös, fahrig oder hatte beim Reden einen Kloß im Hals. Ganz zu schweigen von den Aussetzern, wenn ich Hanna in der Schule begegnete.

In den Gesprächen meiner Eltern, die wohl dachten, mein Italienisch sei nicht gut genug, um ihnen folgen zu können, belauschte ich ihre Kommentare zu meinem Leben. »Er kommt jetzt auch langsam in das Alter«, oder »Weißt du noch, wie es bei seinem Bruder war? Kaum ist der eine überstanden, ist der nächste dran«, hörte ich meine Mutter und beobachtete ihr zärtliches Lächeln dabei.

Die Gespräche meiner Eltern halfen mir nicht wirklich weiter. Es war darin nichts enthalten, was mir mein Verhalten, meine Schwierigkeiten hätte besser erklären können. Klar wusste ich das Wichtigste aus der *Bravo* und dem Internet, aber hier ging es um mehr als das Kreisen der Hormone, es ging einfach um mein ganzes Leben irgendwie.

Zur Geschichte. Anfang Juli hatte völlig überraschend meine Cousine Maria Grazia aus Cefalú bei uns angerufen. Das machte sie sonst nur an Weihnachten und Ostern.

»Papa möchte euch gern besuchen kommen«, überraschte sie meinen Vater. »Zurzeit gibt es auf dem Hof nicht viel zu tun, die Reben sind ausgeputzt, um die Milchkühe und das Gemüse kümmern Mutter und ich uns. Das passt doch gut, wo ihr dieses Jahr nicht nach Italien kommen könnt«, erklärte meine Cousine in den Hörer und wiederholte nochmals selbst ungläubig und erstaunt: »Ja, stell dir vor, er will euch besuchen kommen.«

»Wie schön. Das ist wirklich eine schöne Überraschung…, schön, dass er endlich mal nach Deutschland zu uns kommt«, hörte ich meinen Vater Adjektive wiederholen und beobachtete vom Wohnzimmer aus die Freude und leichte Verwunderung in seinem Gesicht. Bislang hatte mein Onkel den kleinen sizilianischen Ort, in dem er vor über fünfzig Jahren auf die Welt gekommen war, nur wenige Male verlassen. Meist, um etwas auf dem Kreisverwaltungsamt in Cefalù zu erledigen, einmal, um seinen Vater ins Krankenhaus zu begleiten.

Meine Pickelentwicklung, die anstehenden großen Ferien, Hanna und noch mal Hanna, das alles war schon aufregend genug, aber dass jetzt auch noch mein Onkel Paolo zu Besuch kam, machte diesen Sommer sensationell.

Ich dachte an all die Ferien, die wir auf dem Hof meines Onkels verbracht hatten. An die mir unendlich scheinenden Tage zwischen Feldern in all den Höhlen und Verstecken. In dieser Nacht träumte ich von unseren jährlichen Reisen nach Cefalú, wo wir nochmals in einen Bummelzug umsteigen mussten, der uns zu dem kleinen Dorf am Rand der Madonie-Hügelkette brachte. Die tagelange Bahnreise, der Geruch im Schlafzimmer meiner Tante, die schwierige Geburt des kleinen Kalbes im vorigen Jahr, die Schwalben im Kuhstall, die Felder, die eingefangene Hitze in der steinigen Erde und das leckere Quellwasser, das meine Eltern neben Käse, Wein und Würsten in Plastikflaschen mit nach Deutschland schleppten. Ich träumte von dem kleinem Bachlauf, der sich in der Nähe der Nussbaumfelder befand, von einer Schnittverletzung, die ich mir mal in den Herbstferien bei der Traubenernte zuzog, von Maria Grazias blumigen Schürzen, der hellen Sommerküche und den Marktbesuchen am Samstag. Eine Art *Best Of* unserer Sommer- und Herbstferien dort.

Von all den Geschwistern meines Vaters mochte ich meinen Onkel Paolo am liebsten. Vielleicht, weil wir bei ihm auf dem Hof unsere Ferien verbrachten, Abenteuerurlaube. Vielleicht aber auch, weil er von allen Geschwistern meinem Vater am ähnlichsten war in seiner Art, auch wenn er viel älter aussah mit seiner sonnengegerbten Haut, seinen steinrauen Händen und den für uns Kinder altmodisch wirkenden Hemden und Hosen.

Ende Juli stand unsere gesamte Familie am Gleis 9 des Frankfurter Hauptbahnhofs und wartete auf die Einfahrt des Italia Express aus Mailand. Meine Schwester hatte zur Abwechslung mal nicht ihren Schulranzen auf dem Rücken, Franco blätterte abwesend in einem Comic, den er sich am Bahnhofskiosk besorgt hatte, und meine Eltern hielten Händchen, was sie sonst eher selten vor uns Kindern taten.

Sie unterhielten sich auf Italienisch. Es ging erst um all die baulichen Veränderungen am Hauptbahnhof, völlig unnötig, wie beide befanden, dann um eine Arbeitskollegin meiner Mutter aus dem Krankenhaus, die gerade dabei war, sich von ihrem Mann zu trennen, und schließlich um Onkel Paolo. Mein Vater erzählte kleine Anekdoten von früher, während meine Mutter ihm dabei mit einem bewundernden, zärtlichen Blick zuhörte, manchmal lachte und mir die beiden nicht wie meine Eltern, sondern wie Fremde vorkamen.

Elisa entdeckte Onkel Paolo als erste in der Menschenmenge, rannte auf ihn zu und hüpfte in seine Arme hoch. Wir folgten ihr durch das Getümmel, umringten ihn wie einen Popstar oder Politiker inmitten all der anderen Reisenden. Nachdem mein Vater ihn erst geküsst und dann länger umarmt hatte, nahm er ihm einen der beiden schweren, altmodischen Koffer ab. Ich entdeckte Tränen an den Wangen der beiden.

Mein Bruder drückte mir wortlos seinen Comic in die Hand und nahm den anderen Koffer mit zum Wagen. Er wirkte in letzter Zeit so erwachsen auf mich, er wusste, was zu tun war, ohne dass mein Vater ihn, so wie früher, erst dazu auffordern oder etwas erklären musste. Ich nahm eine von Onkel Paolos Händen, an der anderen hing seit der Ankunft meine kleine Schwester.

»Piano, piano«, sagte er und blickte dabei verschmitzt zu meinem Vater.

Zuhause gab es noch einen Teller Pasta, obwohl es bereits sehr spät war. Nach dem Essen packte mein Onkel die beiden Koffer in der Küche aus, die einige wenige Klamotten, aber Unmengen an Käse, Schinken und Flaschen mit Wein und Quellwasser enthielten, bruchsicher in Zeitungspapier gewickelt.

»Glaubst du, es gibt in Deutschland nicht genug zu essen?«, scherzte mein Vater, und ich konnte ihm dabei seine extrem gute Laune am Gesicht ablesen. Wir Kinder mussten nach dem späten Abendessen ins Bett, während meine Eltern und mein Onkel noch lange in der Küche zusammen saßen, redeten und von dem Wein aus Italien tranken.

Als ich mich am nächsten Morgen auf den Weg zur Schule machte, waren mein Vater und mein Onkel bereits draußen im Garten. Sie standen gerade an den Reben entlang der Garageneinfahrt, betrachteten die noch kleinen, sehr harten Traubenpergel und unterhielten sich.

So verliefen mehr oder weniger auch die darauf folgenden Tage. Während meine Mutter zum Früh- oder Spätdienst ins Krankenhaus radelte, waren die beiden im Garten, wo sie zusammen arbeiteten, sich um das Gemüse oder die Reben kümmerten, den alten Holzzaun am Teich reparierten oder an der Pumpe Unmengen von Eimern und Gießkannen mit Wasser füllten, um in der Abendkühle die Gemüsebeete zu gießen.

Wenn mein Bruder und ich von der Schule nach Hause kamen, aßen wir auf der Terrasse gemeinsam zu Mittag. Meine Eltern kochten meist italienisch. Es gab *Pasta* oder *Pasta con Fagiolini,* riesige Pfannen voll mit *Cima di Rapa oder Finocchio,* nur einmal wollte mein Onkel unbedingt das Sauerkraut probieren, von dem ihm Maria Grazia erzählt hatte.

Abends saßen meine Eltern und Onkel Paolo noch lange unter dem alten Kirschbaum an der Pumpe zusammen. Redeten und tranken Wein, während mein Onkel Stöckchen schnitzte, mit denen er irgendwas an den Bohnenstangen befestigen wollte. Ich setzte mich oft dazu, weil ich die Geschichten meines Onkels aus Italien mochte, weil ich manchmal sein altes Taschenmesser zum Schnitzen in die Hand bekam, er mir zärtlich mit seinen rauen Händen über die Wange strich und mich dabei *mio piccolo Tesoro* nannte.

»Bravo Gianni! Parli e capisci bene l'Italiano«, lobte er mich stolz an einem dieser Abende, als ich ihm von meiner Schule und den letzten Tagen vor den Ferien erzählte. Auch meine Eltern lobten mich und fragten verwundert, wo ich es denn auf einmal so gut gelernt hätte. Als ich auf Italienisch »von euch natürlich« antwortete, heimste ich damit mehr Lacher ein, als ich erwartet hatte.

Apropos Schule. Hanna. Ich musste seit einigen Wochen täglich an sie denken, hatte mir gewünscht, sie auch mal außerhalb der Schule und unserer Clique zu sehen, per Zufall oder gar bei einem abgemachten Treffen. Aber immer, wenn ich mal kurz im Schulhof oder an der Bushaltestelle allein neben ihr stand, war dieser Kloß wieder da, und mein Kopf, meine Ohren und Wangen, so schien es mir, erhitzten sich ins physikalisch Unvorstellbare.

An seinem letzten freien Tag schlug mein Vater Onkel Paolo vor, zusammen in die Stadt zu fahren, er müsse ein paar Dinge besorgen und dabei könne er ihm auch ein wenig die Stadt zeigen. Mein Onkel holte dafür seinen guten Anzug aus dem Koffer, den er eigentlich nur für die Hin- und Rückfahrt dabei hatte. In Italien hatte ich ihn auch nur in seinen uralten Hosen und Hemden gesehen, die wie aus einer anderen Zeit wirkten und unter denen er immer ein langärmliges Unterhemd trug, während eine Kordel zweifach um den viel zu weiten Hosenbund gewickelt war.

Am Morgen nahmen mich die beiden auf ihrem Weg in die Stadt im Auto mit zur Bushaltestelle. Ich träumte aus dem Fenster hinaus. Plötzlich hupte mein Vater und sagte: »Schau mal, Gianni, da steht Anna aus deiner Klasse.« »Hanna«, sagte ich leicht genervt. »Sie heißt Hanna, Paps.« Mein Vater konnte sich, obwohl er schon seit über zwanzig Jahren in Deutschland lebte, noch immer nicht mit dem Buchstaben *H* anfreunden.

»Besuch aus Italien«, erklärte ich Hanna nach dem Aussteigen knapp, als mein Vater in Zeitlupe an uns vorbeifuhr und dabei Onkel Paolo etwas zu erklären schien.

Und da war er, der lange ersehnte Moment. Hanna und ich allein an der Bushaltestelle. Auch das Auto meines Vaters verschwand endlich im einige Meter entfernten Kreiselverkehr.

»Der Tag heute sieht hitzefrei verdächtig aus«, begann ich, setzte nach einer kurzen Atempause »Hast du vielleicht Lust, die Woche mal zusammen mit mir zum Baggersee zu fahren?« hinterher und schaute ihr dabei sogar ins Gesicht. Auch wenn ich mich auf die dort süß verteilten Sommersprossen konzentrierte, um nicht ihrem Blick, ihren grünbraunen Augen zu begegnen.

»Ja, gerne«, antwortete Hanna, und jetzt trafen sich doch kurz unsere Blicke, was mich etwas aus der Bahn warf.

»Schön, was hältst du von Donnerstag? Ist eh der vorletzte Schultag vor den Ferien und es passiert nicht mehr viel«, schlug ich vor und bemerkte, dass ich, um locker zu wirken, einige Worte etwas zu sehr in die Länge zog.

»Das passt gut. Ich habe da einen längeren Zahnarzttermin wegen meiner neuen Spange und muss nicht zur Schule. Nach dem Termin können wir direkt zum See radeln, wenn du magst.«

»Klasse, dann bis übermorgen. Ich hol dich einfach an der Praxis ab«, antwortete ich und überlegte zeitgleich, mit welcher Begründung ich am Donnerstag der Schule fernbleiben könnte.

Der Schulbus kam, zerschnitt das zwischen uns eingetretene Schweigen und wartete noch kurz auf ein paar herbeieilende Schüler aus unserer Parallelklasse, bevor er tief schnaubend losfuhr. Im Bus getraute ich mich nicht, direkt neben Hanna Platz zu nehmen, sondern blieb einfach zwei Sitze weiter unverbindlich im Gang stehen, als wäre sie an der Bushaltestelle eine Fremde gewesen, die ich nach der Uhrzeit gefragt hätte.

Als ich am Mittag von der Schule nach Hause kam, traf ich meinen Vater in der Küche an, wo er gerade die Nudeln ins kochende

Wasser schüttete. »Du kommst genau richtig, Gianni. Die Pasta ist in zehn Minuten fertig. Hast du Hunger?« Ich nickte, lächelte. Es war dieses Gefühl von Zuhausesein, das sich gerade mit dieser einfachen Frage einstellte.

»Geh doch grad schnell in den Keller und hol noch Wasser und eine von Onkel Paolos Weinflaschen hoch, eine von denen, die ganz vorne im Regal stehen.«

Im Keller roch es nach all dem leckeren Käse, Schinken und den selbstgemachten Fenchelwürsten, die mein Onkel aus Italien mitgebracht hatte. Vom Vorratskeller konnte man durch ein kleines vergittertes Fenster direkt auf den Sitzplatz an unserer Pumpe schauen. Ich stellte mich auf die Fußzehen und wollte eigentlich mit einem Buh! meinen Onkel draußen necken. Doch dann sah ich, wie er leicht gekrümmt und hustend auf der Gartenbank saß und dabei vornüber gebeugt in sein Taschentuch spuckte. Ich beobachtete, wie er sich zurücklehnte und mit dem Ärmel seines alten Unterhemds den Schweiß aus dem Gesicht wischte. Er sah erschöpft und blass aus. Ich brachte schnell die Getränke in die Küche und lief in den Garten. Onkel Paolo war inzwischen am Rebenspalier im Vordergarten und lief, das Gedeihen der Trauben prüfend, auf und ab.

»Tutto a Posto?«, fragte ich dieses Mal als erster mit unserer eingespielten Begrüßungsformel.

»Certo, e tu? Scuola finita?«, erwiderte meine Onkel. Ich schaute prüfend in sein immer noch erschöpft wirkendes Gesicht, erwähnte den Hustenanfall aber nicht.

Mein Bruder Franco kam erst gegen Ende des Mittagessens nach Hause. Er roch nach Bier; sie hatten die ersten Ergebnisse ihrer mündlichen Abiprüfungen gefeiert. Mein Vater rügte ihn nicht. Vielleicht weil meine Mutter nicht da war, vielleicht weil er diese megagute Laune hatte, seit Onkel Paolo zu Besuch war, vielleicht aber auch, weil Franco jetzt erwachsen war und selbst wusste, was falsch und richtig war.

Gegen drei kam auch meine Mutter vom Frühdienst aus der Klinik. Mein Vater hatte ihr einen Teller Pasta warm gemacht und in den Garten zur Pumpe gebracht, wo ich mit Onkel Paolo im Schatten des Kirschbaums saß und Bohnen aus den Schoten pulte.

»Zieh erst den Faden an der Seite vorsichtig ab, dann fallen sie von alleine raus«, erklärte er mir, und ich war stolzer als auf meine Zwei in Chemie, als es nach dem dritten oder vierten Versuch wie von alleine hinhaute. Ich mochte das Zusammensein mit Onkel Paolo. Auch in unseren Urlauben rannte ich ihm, wann immer ich ihn in Richtung der Felder, Weinreben oder in den Kuhstall verschwinden sah, wie ein Welpe hinterher. Neugierig, wissbegierig und verspielt. Meine Mutter fragte nach dem Stadtbesuch, und Onkel Paolo erzählte begeistert von den Fachwerkhäusern am Römerberg, ehrfurchtsvoll von den Bankentürmen und Hochhäusern. Er sah jetzt wieder erholt und entspannt wie immer aus, dachte ich, und beschloss, meine geheime Kellerbeobachtung für mich zu behalten.

In der glühenden Nachmittagshitze verschwanden die Erwachsenen wie immer für ein Schläfchen in ihre Zimmer. Ich blieb noch eine Zeitlang im Hinterhof und putzte mein neues Fahrrad, dachte dabei an das Baggerseetreffen mit Hanna und überlegte, was für eine Entschuldigung ich morgen der Lehrerin wohl am besten auftischen könnte.

Mitten in der Nacht wachte ich auf, musste irgendwas Blödes geträumt haben oder so. Ich war durstig und lief in die Küche, um mir ein Glas Wasser zu holen. Auf dem Rückweg hörte ich beim Vorübergehen an Onkel Paolos Zimmer, wie er wieder stark und anhaltend hustete, wie er sich mehrmals nach Luft ringend räusperte, als hätte er sich verschluckt oder einen Frosch im Hals. Ich blieb noch kurz vor seiner Tür stehen, um zu hören, ob alles in Ordnung war. Nach kurzer Zeit wurde es wieder still in seinem Zimmer, am Türspalt sah ich, dass er das Licht gelöscht hatte. Ich ging zurück in mein Bett.

Der nächste Tag verging einfach so. Es war ein Wartetag auf den darauffolgenden Tag. Auf Donnerstag, auf Hanna, auf unsere kleine Radtour zum Baggersee. In der Schule hatte ich erzählt, dass ich wegen einer Familienfeier und Besuch aus Italien bereits nach der zweiten Stunde gehen müsste. Meine Klassenlehrerin glaubte mir, weil ich mir sonst in diesen Dingen nie etwas zu Schulden hatte kommen lassen. Ich staunte nicht schlecht, als gegen Ende der ersten Stunde Hanna mit ihrem Zahnspangenlächeln und völlig außer Puste unser Klassenzimmer betrat. In der Fünf–Minuten-Pause erzählte sie mir, dass die kieferorthopädische Praxis wegen eines Wasserrohrschadens in der Nacht heute geschlossen sei. Eine Zahnarzthelferin aus der Praxis habe zu Hause angerufen, den Termin abgesagt und ihre Mutter sie wie ein Huhn zur Schule gescheucht. Als es gongte, sagte sie noch schnell: »Schade, jetzt können wir gar nicht zusammen zum Baggersee radeln.«

Ich versuchte mir nicht anmerken zu lassen, wie sehr mich die Sache enttäuschte, ja mir beinahe die Tränen in die Augen trieb. Das war kindisch. Möglichst cool erwiderte ich: »Dann halt ein anderes Mal.« Keine Ahnung, wie ich auf diesen bescheuerten Satz kam. Nach der zweiten Stunde verließ ich den Unterricht, meine Lehrerin wünschte mir eine schöne Feier. Auf dem Weg zum Fahrradständer kam mir Hanna hinterher gelaufen.

»Tut mir echt Leid, Gianni, dass heute was dazwischen gekommen ist. Ich bin die ersten zwei Ferienwochen zu Hause, wollen wir da vielleicht zusammen schwimmen gehen? Würd' mich freuen.«

»Ja gern, lass uns morgen gleich was ausmachen«, erwiderte ich nun wieder etwas lockerer und erklärte noch: »Ich muss los, hab Frau Eisenschmidt erzählt, dass wir heute 'ne große Familienfeier zu Hause haben.«

Der Vormittag war plötzlich vertan. Wertlos irgendwie. Ich meine, ich hätte ausschlafen, ausgiebig frühstücken und dabei die Wiederholung der Bundesligaspiele vom Vortag anschauen können, was weiß ich; oder ich hätte stinknormal in die Schule gehen können von 7.30 bis 13.05, aber jedenfalls nicht in der Innenstadt alleine rumhängen, Zeit totschlagen. Ohne Hanna. Ich bummelte ziellos durch die Fußgängerzone. Die Geschäfte hatten fast alle noch geschlossen, nur die Arbeiter von der Straßenreinigung fegten lustlos, und einige Leute, die in der Innenstadt arbeiteten, waren unterwegs, verschwanden hinter den Portalen von Banken, in den Personaleingängen von Kaufhäusern und Parfümerieketten. Ich schaute mir die Schaufenster an, studierte die Firmenadressen und Berufsinfos auf den Messingschildern. Es war interessant zu sehen, was andere so machten, während ich in der Schule war. In einer Bäckerei kaufte ich mir einen Kaffee samt drei Croissants, weil das billiger war als ein Kaffee mit nur einem Croissant. Damit bekam ich noch eine knappe Stunde auf einer Bank rum, eine weitere halbe Stunde schlug ich in der Musikabteilung eines Kaufhauses tot.

Gegen viertel vor elf beschloss ich, nach Hause zu radeln. Ich stellte mein Fahrrad im Hinterhof ab und lief durch die offene Terrassentür ins Haus. Ich war überrascht, Onkel Paolo im Wohnzimmer auf dem Sofa liegend anzutreffen. Er schien ebenso überrascht, versuchte sich aufzurichten, knickte aber auf den Ellbogen gestützt beinahe wieder ein. Er sah bleich und erschöpft aus, dunkle Ringe umkreisten seine Augen.

»Tutto a Posto?«, brachte ich vorsichtig heraus und ahnte im selben Moment, dass es ihm schlecht ging.

»Gianni, bringst du mir ein Wasser«, bat er. Auf dem Weg in die Küche hörte ich, wie er wieder zu husten begann, lang und anhaltend.

»Hier, das ist von dem Quellwasser, das du mitgebracht hast, wird dir bestimmt gut tun«, sagte ich und beobachtete, wie zittrig seine Hand das Glas zum Mund führte. Kurz darauf schlief er ein, beinahe mitten im Reden. Ich kümmerte mich um das Mittagessen. Meine Mutter hatte Lasagne vorbereitet, die ich einfach nur noch in den Backofen schieben musste, auf 180 Grad für 40 Minuten hatte sie dreimal am Vorabend erklärt und es sicherheitshalber noch mal mit einem Post-It an den Backofen geklebt. Franco kam Punkt eins von der Schule nach Hause. Wir aßen im Garten im Schatten an der Pumpe zu Mittag.

Mein Onkel aß nur sehr wenig. Er ließ einen Teil der Pasta auf seinem Teller zurück, was ich weder bei ihm noch bei meinem Vater je zuvor erlebt hatte.

»Schmeckt gut«, sagte er, meinen Blick kreuzend, »ich vertrage zurzeit die Schärfe nur nicht so gut, weißt du.«

Franco verschwand nach dem Essen zum Büffeln in sein Zimmer. Morgen stand die letzte mündliche Prüfung in PoWi an: *Konflikt und Kooperation nach 1945*. Ich war dabei, die Geschirrspülmaschine einzuräumen, als mein Onkel in die Küche kam, nah zu mir trat und mich am Arm fasste.

»Gianni, hör mal, ich habe eine Bitte an dich. Ich muss zu einem Arzt«, sagte er leise. »Ich brauche ein bestimmtes Medikament, hatte mir zuwenig davon eingepackt für die Reise, das ist wichtig. Kannst du mich begleiten und dort alles übersetzen und erklären?« Ich weiß nicht warum, aber diese leise Anfrage meines Onkels löste in mir eine Art Aufruhr aus, eine Besorgnis, die mir in diesem Moment völlig übertrieben vorkam. »Und bitte behalte die Sache für dich, okay, ich möchte nicht, dass sich dein Vater oder deine Mutter unnötig Sorgen machen.« Ich nickte. »Klar, ich begleite dich gern. Wir gehen am besten zu unserem Hausarzt«, sagte ich und räumte automatisch die Maschine zu Ende ein.

Mein Onkel saß bereits fertig angezogen auf seinem Bett, als ich sein Zimmer betrat. Obwohl es draußen sehr heiß war, hatte er seinen guten Reiseanzug angezogen. Neben ihm auf dem Bett lag ein Kulturbeutel, der mit vielen Medikamentenschachteln gefüllt war. Zwei davon steckte er ein. Wir waren die ersten in der Nachmittagssprechstunde. Im Wartezimmer stand ein riesiges Aquarium, das ich, so lange ich denken konnte, begeistert beobacht hatte bei unseren Arztbesuchen.

»Hast du mich zu einem Tierarzt gebracht, Gianni?«, scherzte Onkel Paolo, und ich konnte neben all der Erschöpfung auch wieder das Strahlen seiner Augen entdecken.

»Was machst du denn *einen* Tag vor den Sommerferien bei diesem Wetter hier, hast du nichts Besseres zu tun?«, begrüßte mich unser Hausarzt, wie immer flachsend. Ich stellte ihm erst meinen Onkel vor und erklärte dann die Situation. Ich wusste, was zu tun war, ohne darüber nachzudenken. Mein Onkel kramte die beiden Medikamentenschachteln aus seiner Anzugtasche und bat mich zu dolmetschen. »Wie lange nehmen Sie die Medikamente schon?«, übersetzte ich nun in Richtung meines Onkels. »Ein halbes Jahr etwa, dieses hier erst seit einem Monat. In den letzten Tagen musste ich aber die Dosis stark erhöhen«, übersetzte ich dann wieder in die andere Richtung. Das Pingpong-Spiel ging noch eine Weile hin und her. Und auch wenn ich nicht wirklich den Inhalt und das Ausmaß dessen, was ich da übersetzte, erfasste, und viel zu konzentriert nach den richtigen Worten im Italienischen suchte, wurde mir doch mit jedem einzelnen Wort, das ich übersetzte, die Ernsthaftigkeit der beiden, die Besorgnis oder gar Ratlosigkeit im Gesichtsausdruck unseres Hausarztes deutlich.

»Ich kann Ihnen das Medikament natürlich verschreiben und werde es auch gern tun, aber Sie sollten sich sicherheitshalber in einem Krankenhaus die Lunge röntgen lassen«, übersetzte ich und blickte dabei in die starken, leuchtenden Augen meines Onkels. Wir bekamen das Rezept. Dr. Frühauf wünschte uns alles Gute und sagte beim Gehen zu mir: »Gianni, sag deinem Onkel, dass es sehr ernst ist, er weiß das auch. Sag ihm, er soll mit deinem Vater reden wegen dem Krankenhaus, ja? Das geht auch ambulant, falls er nicht dort bleiben möchte.«

Gleich in der Nähe befand sich eine Apotheke. Dort besorgten wir die Medikamente und nahmen den Bus zurück. Unterwegs nahm mein Onkel zärtlich meine Hand in seine. »Du sprichst wirklich gut italienisch, bin stolz auf meinen kleinen Neffen. Und danke noch mal, dass du mitgekommen bist, Gianni.«

»Ist doch klar.«

Ich erzählte ihm noch kurz, was der Arzt im Gehen zu mir gesagt hatte, fragte, ob er nicht doch zur Kontrolle in ein Krankenhaus wolle, Paps könne das schnell organisieren, bestimmt auch ambulant.

»Mach dir keine Sorgen, Gianni, ja! Ich weiß das alles, aber glaub mir, jetzt mit den Medikamenten wird es mir bald wieder besser gehen. Sobald ich zu Hause bin, lasse ich mich in Cefalú von einem Arzt im Krankenhaus untersuchen, der mich schon länger betreut. Und deinem Vater will ich es erst ein paar Tage bevor ich nächstes Wochenende zurück nach Hause fahre erzählen, ich möchte die Zeit mit ihm genießen, verstehst du?«

Ich nickte. Ohne noch etwas zu fragen, hatte ich ihn verstanden.

Danach ging dann alles unglaublich schnell. Die Ereignisse überschlugen sich, vergruben uns in dieser Geschichte. Erster August. Letzter Schultag. Die Zeugnisse wurden ausgeteilt, wir frühstückten mit der Parallelklasse und schauten danach gemeinsam zum Schuljahresabschluss *Harry Potter und der Stein der Weisen.* Ich hatte mich zwei Reihen hinter Hanna gesetzt, um sie beim Film beobachten zu können. Übrigens unglaublich mutig von mir auch diese Aktion, zwei Reihen entfernt von ihr im Kino Platz zu nehmen, wie zuvor schon im Bus.

Während ich auf die Leinwand schaute, musste ich wieder an Onkel Paolo und unseren heimlichen Arztbesuch denken. Das Geheimnis, um das er mich gebeten hatte. Zu Hause hatten wir am Abend erzählt, dass wir gemeinsam in der Stadt waren, um nach ein paar Mitbringseln für Italien zu schauen. Diese Lüge war mir glatt und viel leichter als vermutet über die Lippen gegangen, ich empfand es auch gar nicht wirklich als Lüge, ich wusste ja, dass Onkel Paolo Paps nächste Woche alles in Ruhe erzählen wollte, dafür war er ja zum ersten Mal in seinem Leben nach Deutschland gereist, hatte er mir im Bus noch erzählt.

Freitagabend blieben wir nach dem Abendessen noch sehr lange im Garten unter dem Kirschbaum sitzen. Meine Mutter erzählte wieder von ihrer Kollegin und deren bevorstehender Scheidung, Franco berichtete von seiner mündlichen Prüfung, die er mit einer glatten Eins bestanden hatte, und ich erzählte vom Harry-Potter-Film.

»Den Namen habe ich auch schon mal gehört oder in der Zeitung gelesen«, warf Onkel Paolo ein. Ich hatte ihn den ganzen Abend über mehr als sonst beobachtet, um zu sehen, ob die Medikamente wirklich schon halfen. Er sah immer noch sehr angegriffen aus, aber der Husten und das Röcheln waren so gut wie weg, auch in der Nacht hatte ich ihn nicht gehört.

Meine Eltern und mein Onkel tranken von dem italienschen Wein, auch Franco bekam von meinem Vater davon angeboten und trank ruhig und wie selbstverständlich aus seinem Glas. Die Dunkelheit breitete sich langsam aus. Meine Mutter räumte die Spielsachen und Kreidestifte, die Elisa vorm Schlafengehen hatte liegen lassen, in einen Korb zusammen.

»Sieht nach einem Sommergewitter aus«, sagte sie zu uns gewandt und blickte wie ein Meteorologe in den Himmel.

Am Samstag schliefen wir alle länger. Das von meiner Mutter für die Nacht prophezeite Gewitter war ausgeblieben. Am frühen Morgen schon war es drückend heiß und schwül. Ich war der erste, der sich in der Küche blicken ließ, bereitete das Frühstück zu und blätterte in einem der von Franco im ganzen Haus verstreuten Comics. Gegen Mittag fuhr ich mit meinem Rad zum neuen Sportplatz, wo ein Fußballturnier der Freizeitmannschaften stattfand. Ich wusste, dass auch Hannas Vater in einem der Teams mitspielte und hoffte insgeheim, sie vielleicht unter den Zuschauern anzutreffen. Ich drehte eine Runde mit dem Rad um den Sportplatz, schaute mir die zweite Halbzeit vom Viertelfinale an und hielt dabei nach Hanna Ausschau. Das Spiel ging unentschieden aus. Hannas Eltern entdecke ich beim Heimradeln am Grillwürstchenstand, sie selbst hatte wohl was anderes vor.

Als ich in unsere Straße einbog, sah ich schon von Weitem den Notarztwagen vor unserem Haus stehen. Ich wusste sofort, was los war, trat wie ein Irrer in die Pedalen und spürte, dass mein Puls wie wahnsinnig zu rasen begann.

Ich hatte riesige Angst. Zum ersten Mal in meinem Leben hatte ich *diese* Angst. Sie war vollkommen anders als jene Angst, die mich eine Zeitlang wegen all der Monster unter meinem Bett nachts vom Kinderzimmer unter die kuschelige Decke meiner Eltern fliehen ließ.

Am Haus angekommen, sah ich Onkel Paolo auf einem Rollbett liegen, das von zwei Rettungssanitätern zum Krankenwagen transportiert wurde. Er trug eine Atemmaske, kleine Schläuche hingen an seinem Handgelenk und Unterarm, den er kurz in die Höhe hob, als er mich kommen sah. Meine Eltern kamen kurz darauf aus dem Haus, eine unserer Sporttaschen geschultert. Meine Mutter trug den mit Medikamenten gefüllten Kulturbeutel meines Onkels, den wir vor zwei Tagen mit zum Arzt genommen hatten.

»Paps…«, begann ich und merkte, dass ich vor Aufregung

und Angst kaum mehr ein Wort herausbekam, »kann ich mitkom…?«

»Bleib hier bei Franco und Elisa, wir rufen euch aus dem Krankenhaus an, o.k.?«, unterbrach er mich und strich mir im Vorbeigehen zärtlich über den Kopf.

»Pass auf Elisa auf«, rief meine Mutter von der Autotür. Erst jetzt verstand ich, dass Paps im Notarztwagen mitfuhr und sie in unserem Auto hinterher fahren wollte.

In der Küche stand das Mittagessen noch auf dem Tisch. Halbgeleerte Teller und Gläser, auf dem Herd gefüllte Töpfe, eine Pfanne, in der das Fleisch noch unangerührt lag. Elisa spielte im Wohnzimmer mir ihrer neuen Barbiepuppe. Franco kam aus seinem Zimmer und erzählte mir, was vorgefallen war.

»Wir dachten erst, es sei die Hitze, diese unglaubliche Schwüle heute«, wiederholte er sich mehrmals. »Aber Onkel Paolo kam einfach nicht mehr richtig zu sich, nachdem er in der Küche zusammengebrochen war; auch nicht, als Paps ihm ein Glas Wasser und dieses Spray aus seinem Zimmer vom Nachttisch gebracht hatte. Er bekam einfach nicht ausreichend Luft oder so«, erzählte Franco. Seine Stimme klang noch immer aufgeregt, hilflos zugleich. Ich hätte ihm in diesem Moment gerne von der Sache mit dem heimlichen Arztbesuch erzählt, schaffte es aber nicht. Das Ganze bedrückte mich wie ein für andere unsichtbarer Schatten. Wir räumten gerade in der Küche den Mittagstisch ab, als das Telefon klingelte.

»Es wird später werden, bis wir nach Hause kommen«, erklärte meine Mutter. »Die Untersuchungen dauern noch an, wir wollen noch die Ergebnisse abwarten und mit den Ärzten reden. Ist bei euch zu Hause alles in Ordnung soweit? Was macht Elisa? Schaut bitte immer nach ihr, ja? Wir melden uns, sobald wir mehr wissen, bis später.«

Erst Stunden später kamen sie nach Hause. Wir liefen alle drei nach draußen, als wir das Auto in der Hofeinfahrt hörten. Erschöpft und traurig setzten sie sich mit uns an die Pumpe im Garten und berichteten von den Untersuchungen und Arztgesprächen im Krankenhaus. Wir erfuhren, dass Onkel Paolo schon längere Zeit schwer krank war, Krebs. Die Ärzte hatten

erklärt, dass ein operativer Eingriff in diesem Stadium keinen Sinn mehr mache, dies hätten auch die ihn betreuenden Kollegen aus der Klinik in Cefalú bestätigt, mit denen man per Telefon schnell Kontakt aufgenommen hatte. Während meine Mutter weiter erzählte, ging mein Vater nach drinnen, um mit Maria Grazia zu telefonieren. Sie wusste schon seit langem von allem und war verwundert, dass wir erst heute davon erfahren hatten, da ihr Vater doch extra die große Reise angetreten hatte, um seinen Bruder noch einmal zu sehen und von der Erkrankung zu erzählen.

»Zio Paolo hat nicht mehr lange zu leben«, sagte Paps, als er vom Telefonat zurückkam. Seine Stimme hörte sich entfernt und viel zu leise an. Als meine Mutter ihre Hand auf seinen Arm legte, fing er vor uns allen an zu weinen. Das hatte er noch nie getan. Wir blieben eine Zeitlang einfach sitzen, schweigend, unbewegt, fast wie erstarrt. Irgendwann nahm Franco Elisa an die Hand und sagte: »Zeit zum Schlafengehen, kleine Erstklässlerin« und verschwand mit ihr, nachdem sie allen einen Gutenachtkuss gegeben hatte, im Haus. Franco wusste, was zu tun war.

Jetzt saß ich allein mit meinen Eltern an der Pumpe. Ich hätte es einfach sagen können, ich hätte einfach erzählen können von dem Nachmittag und dem Besuch bei unserem Hausarzt, von den leeren Medikamentenschachteln im Kulturbeutel, dem Hustenanfall, den ich zufällig vom Keller aus beobachtet hatte. Ich sagte aber nichts. Bekam kein einziges Wort heraus. Ich schämte mich irgendwie, fühlte mich mitschuldig daran, dass Onkel Paolo im Krankenhaus lag, mein Vater weinend neben meiner Mutter saß und... dieser Sommer über uns zusammenbrach. Ich wusste in diesem Moment aber nicht, was zu tun war. Oder wie und wo ich anfangen sollte.

Gleich nach dem Frühstück fuhren meine Eltern wieder ins Krankenhaus. Sie hatten am Vorabend noch etwas Obst, den Bademantel meines Vaters und ein paar Handtücher eingepackt. Ich schlich durch das Haus und den Garten, ohne etwas mit mir anfangen zu können. Mein Vater hatte mich beauftragt, das Gemüse zu gießen, bevor es richtig heiß würde. Dabei entdeckte ich hinten am Salatbeet auf einem der Holzzaunpfosten das kleine, alte Taschenmesser meines Onkels. Ich nahm es, strich über den glatt geschliffenen Holzgriff, die Eingravierung darauf und steckte es in meine Hosentasche.

Als ich alles gegossen hatte, nahm ich mein Fahrrad und fuhr zum Baggersee. Ich dachte an meinen Onkel, der jetzt in seinem Zweibettzimmer im Krankenhaus lag, der immer wieder an das Atemgerät musste, zu Untersuchungen oder Röntgenaufnahmen, der kein Wort von dem verstand, was auf den Fluren, im Fernsehen oder zwischen den Ärzten gesprochen wurde. Ich warf Steine über den Baggersee, so flach und fest es ging, ließ sie drei-, manchmal viermal über die Oberfläche hüpfen. Bilder von Hanna durchkreuzten kurz meine Gedanken, sie war seit Ferienbeginn so weit entfernt von all dem, was bei mir gerade passierte. Ich dachte an meine Klassenlehrerin und die erlogene Familienfeier, an Onkel Paolo erschöpft auf dem Sofa und fühlte mich wie eingeschlossen in den Verlauf der Geschichte.

Als ich zu meinem Fahrrad kam, sah ich, dass beide Reifen platt waren, die Ventile fehlten und überall Kaugummifetzen klebten. Ich schob das Rad nach Hause. Ich wollte nicht, aber unterwegs fing ich plötzlich wie blöd an zu weinen.

Drei Tage später kam frühmorgens der Anruf aus dem Krankenhaus. Um 4.20 Uhr sei mein Onkel in der Nacht gestorben, erklärte uns Paps in Elisas Zimmer. Meine Eltern besprachen mit Maria Grazia am Telefon die Überführung nach Italien. Franco, meine Mutter und meine kleine Schwester fuhren mit der Bahn nach Cefalú zur Beerdigung, ich sollte meinen Vater im Flugzeug begleiten, in dem auch der Sarg mit meinem Onkel überführt wurde. »Wir können Paolo unmöglich so alleine zwischen all dem Gepäck und Frachtgut im Flieger nach Italien reisen lassen«, hatte mein Vater am Vortag zu Hause erklärt und schließlich Franco für die Bahnfahrt eingeteilt und für mich einen Flug mitgebucht.

Im Flieger griff mein Vater immer wieder nach meiner Hand und sagte Dinge wie »Schau mal, da unten, das ist der Main.« Oder »Hier, schau mal, Gianni, wir überqueren gerade die Alpen« oder »Sieh mal, das müsste jetzt Milano..., nein warte, das ist schon Rom...« Seine Stimme klang ungewohnt, seit Tagen hatte sie etwas Zielloses, Unbestimmtes und Trauriges in ihrem Ausdruck.

Wieder überfiel mich dieses diffuse Gefühl, dieser Mix aus Schuld und Scham. Ich versuchte meine Rolle darin zu begreifen, mein Dazutun oder Weglassen von etwas Wichtigem. Der Gedanke, das Falsche getan zu haben und damit etwas Schreckliches mit ausgelöst zu haben, verfolgte mich wie eine Horrorfigur, die sich an die Räder oder die Tragflächen des Flugzeugs gehängt hatte.

Ich hielt es nicht mehr länger aus und erzählte alles meinem Vater, der mir geduldig und ohne dazwischen zu fragen zuhörte und schließlich zärtlich über das Haar strich.

»Ach was, Gianni. Du hast doch damit nichts zu tun. Paolo hat mir im Krankenhaus alles erzählt, auch von eurem Arztbesuch und wie es ihm zuvor immer schlechter ging. Ich wollte auch schon längst mit dir drüber reden, aber die Ereignisse haben sich überschlagen. Du hast alles richtig gemacht. Onkel Paolo war stolz auf dich und deine Hilfe.«

Ohne dass ich etwas dagegen hätte tun können, schossen mir wie blöd die Tränen in die Augen. Mein Vater nahm mich in den Arm, wo ich noch stärker zu schluchzen anfing. Als ich zu ihm aufblickte, sah ich, dass auch er tonlos weinte. Ich legte meine Hand auf sein Bein. Ich hatte das schon lange nicht mehr getan. Seitdem ich diese Pickel im Gesicht hatte, war mir so etwas eher peinlich, auch wenn ich eigentlich die Liebkosungen meiner Eltern über alles mochte.

Ich kramte mit der freien Hand in meiner Hosentasche und holte das kleine Taschenmesser von Onkel Paolo heraus. »Schau mal, Paps. Das hab ich vorgestern im Garten hinten am Holzzaun gefunden. Onkel Paolo muss es dort beim Arbeiten vergessen haben«, erklärte ich und gab ihm das Taschenmesser. Er schaute es eine Zeitlang an, ohne etwas zu sagen. »Hier, Gianni, es gehört jetzt dir.«

Es gongte, wir mussten uns wieder angurten. In wenigen Minuten würde der Flieger landen.

Thomas Beckermann

Nachwort

Über viele Monate hinweg habe ich etwas Ungewöhnliches erlebt, ein Wechselspiel der Bereicherungen: Die schreibenden Frauen des *Literaturclubs der Frauen aus aller Welt* gaben mir Einblicke in die Sprachen ihrer Herkunftsländer, ihre Kulturen und ihre unterschiedlichen sozialen Beziehungen. Und ich konnte Anregungen geben, Verbesserungen vorschlagen, sprachliche und formale Fehler korrigieren, auf die Tücken, aber auch auf die Möglichkeiten der deutschen Sprache hinweisen.

Dabei kamen mir Erfahrungen zugute, die ich vor langer Zeit gemacht hatte. Die Neugierde aufs Unbekannte und der Frust auf die erstarrten Verhältnisse in diesem Land hatten mich einst in die Ferne getrieben, von uns aus gesehen an ein anderes Ende der Welt, nach Japan. Dort erfuhr ich schnell und ganz unfreiwillig, was es heißt, der Andere, der Außenseiter zu sein. Ich verfiel in eine Sprachlosigkeit, die weit über das Nichtkennen von Wörtern und grammatikalischen Regeln hinausging. Denn das Japanische ist eine Sprache, die die sozialen Verhältnisse wiedergibt: Junge reden etwas anders als Alte, Männer anders als Frauen, Vorgesetzte anders als Untergebene. (Und dann diese so fremde Schrift, die fremden Zeichen.) Der eigentliche Schock aber war – und er hat meine baldige Rückkehr nach Deutschland stark befördert: Um in jener Sprache und Kultur überhaupt eine Chance zu haben, hätte ich meine mitteleuropäische Identität, mein Selbstbewusstsein, mein kritisches Hinterfragen aufgeben müssen. Ich hätte ein anderer werden müssen, so erlebte ich es, und das wollte und konnte ich nicht.

Die im *Literaturclub der Frauen aus aller Welt* aktiven Frauen waren aus den unterschiedlichsten Gründen in dieses Land gekommen: der Arbeit oder der Liebe wegen, als Kinder ihrer »ausgewanderten« Eltern, auf der Flucht vor den politischen, sozialen oder kulturellen Gegebenheiten in ihrem Herkunftsland usw. Nur eine Gemeinsamkeit haben sie, und die ist so intensiv, dass sie diese Gruppe über Jahre zusammenhält: Sie reagieren auf ihre Erlebnisse, Ängste und Wünsche mit Hilfe der Sprache – und dies nicht in der Sprache ihrer Herkunft, sondern im Deutsch ihrer neuen Heimat.

Wir machen uns im Alltag nicht klar, dass die uns vertraute Sprache, ihre Regeln und Möglichkeiten für die, die aus Süd- oder Osteuropa, dem Nahen oder Ferneren Osten oder anderen Regionen der Welt zu uns kommen, das Ungeläufige, das Andersartige, das Fremde ist. Eine Erfahrung – als Schock und/oder als Erweiterung –, die sie uns Muttersprachlern voraushaben und für die sie – das war das Thema dieser Anthologie, das uns so lange gemeinsam beschäftigte – phantasievoll eine Geschichte, überraschende Bilder, eine eigene Sprache suchten und auch fanden.

So waren für mich diese vielen Monate der Zusammenarbeit immer wieder auch eine Zeit des Staunens. Denn die Autorinnen des *Literaturclubs der Frauen aus aller Welt* zeigten mir – und zeigen es nun den Leserinnen und Lesern – den Spracherwerb (und das damit verbundene Eintauchen in die andere Kultur) als erneute, lang anhaltende aber bewusste Geburt, als ein permanentes Dazwischen- und Unterwegs-Sein, ohne anzukommen, wie eine Seidenraupe, die mit ihrem Kokon, den sie vor langer Zeit verlassen hat, über einen sehr dünnen aber festen Faden verbunden bleibt. Sprach-Wanderinnen, Sprach-Wandlerinnen. Allen Texten – auch bei den Muttersprachlerinnen, denen dieses Thema vertraut und wichtig ist – liegt eine Grenzüberschreitung zugrunde, in der aber auch Sprachspielerei, die Leichtigkeit des Humors, die Musik der neuen Laute, die Komik der Missverständnisse und die Entdeckung ganz neuer Sprach- und Lebensmöglichkeiten vorkommen.

Die gemeinsame Arbeit an den vorliegenden Texten hat uns einander näher gebracht, über alle Begrenzungen bisheriger Erfahrungen, der fernen Sprachen, des Alters und des Geschlechts hinweg. So wurde aus der ursprünglichen Einsamkeit des Schreibens eine wechselseitige Gruppenarbeit, in der das Sichvergewissern und die Andersartigkeit durch Phantasie und Toleranz zu Worte kam. Möge diese Anthologie deshalb verdientermaßen eine große Zahl von interessierten Leserinnen und Lesern finden.

Die Autorinnen

Ayla Bonacker, geboren in der Türkei. Kindheit und Jugend in Ankara. Schrieb dort Gedichte für *Defne*, eine Kulturzeitschrift. Lebt seit 1971 in Deutschland. Mitglied im Literaturclub der Frauen aus aller Welt e.V. in Frankfurt am Main.

Susanne Czuba-Konrad, geboren 1965 in Bonn, aufgewachsen in Dortmund, lebt mit ihrer Tochter in Frankfurt am Main. Mitglied im Literaturclub der Frauen aus aller Welt e.V. seit 2001, seit 2004 Vorstandsarbeit. Nach dem Studium der Fächer Deutsch und Geschichte und der Promotion Aufnahme von Tätigkeiten in der Erwachsenenbildung. Veröffentlichungen bei Brandes & Apsel u. a.: *Integration. Eine pädagogische Handreichung* (2000), *Camilles Schatten,* Roman (2005). Weitere Veröffentlichungen unter www. czuba-konrad.de

Margarete Gamdzyk, in Polen geboren, zog 1982 mit ihren Eltern nach Deutschland und lebt seit 1999 in Frankfurt am Main. Studierte an der Akademie der Bildenden Künste in Nürnberg Grafik, Design und Freie Malerei. Ist künstlerisch tätig und arbeitet als On-Air-Designerin. Schreibt Kurzgeschichten und Gedichte.

Tuula Greß, geboren 1946 in Haukivuori, Finnland. Nach dem Abitur zwei Jahre Aufenthalt in Schweden, Deutschland und England, um ihre Sprachkenntnisse zu verbessern. In Deutschland auch ein viermonatiger Besuch des Goethe-Instituts Murnau. Zurückgekehrt nach Finnland studierte sie am Spracheninstitut Tampere 1968-70 mit Abschluss Übersetzerin. Sie gehört zu den Mitgliedern der »ersten Stunde« des Literaturclubs der Frauen aus aller Welt e.V., war bereits 1997 im Literaturkreis von Shirin Kumm und gehört auch einer kleinen Gruppe finnisch schreibender Frauen an. Sie lebt seit 1971 in Deutschland, ist verheiratet, hat zwei Töchter und vier Enkelkinder.

Barbara Höhfeld, kriegsbedingt schon früh gereist: geboren in Dortmund, fuhr sie mit sieben Jahren nach Mähren, mit acht in das Sudentenland, mit zehn ins Lippische (gelegentlich auch zu Fuß). Nach dem Abitur stärkte sie ihr Französisch als Au pair in der Schweiz, schrieb sich am Dolmetscher-Institut der Universität Saarbrücken ein, wo sie 1957 das Übersetzerdiplom, 1958 das Dolmetscher-Diplom erwarb. Heirat, Umzug nach Luxemburg. Zwei Kinder. Arbeitete ab 1967 als Übersetzerin für die Europäische Gemeinschaft (heute EU) aus zuletzt fünf Fremdsprachen. Daneben setzte sie sich für Frauenbelange ein (u. a. Mitgründung eines Frauentheaters 1981). Ab 1975 eigene Veröffentlichungen: essayistisch, lyrisch, erzählerisch. Unter anderem erschienen 1989 *Gainsbourg – Liedtexte*, zweisprachig (französisch-deutsch) und 1999 ihr Roman *Ginsburg und der Rotkohl* (beide Luxemburg). 2009 *Aus Bildern zusammensetzen, Gedichte* (Frankfurt am Main). Lebt seit 1991 in Frankfurt am Main.

Radvana Kraslová, Geografin, Verlagsredakteurin, Reisebegleiterin, Journalistin. Kam 1988 aus Prag nach Frankfurt am Main, um hier mit einem tschechischen Emigranten eine Familie gründen zu können. Schon in Prag publizierte sie in Zeitschriften, nach der Wende setzte sie diese Tätigkeit als freie Journalistin fort. Sie bemüht sich um die kulturelle Annäherung Tschechiens und Deutschlands, auch im Rahmen von Buchmessen. Seit 1997 Teilnahme an den Aktivitäten des Literaturclubs der Frauen aus aller Welt. Ebenfalls beteiligt an der Herausgabe von zwei Anthologien.

Tamara Labas-Primorac, geboren 1968 in Zagreb, Kroatien. Lebt seit 1971 in Frankfurt am Main. Studium der Germanistik und Kunstgeschichte. Analytische Paar- und Familientherapeutin, Autorin, staatlich anerkannte Übersetzerin für Kroatisch und Serbisch. Seit Januar 2009 Mitglied des Literaturclubs der Frauen aus aller Welt e.V., seit Februar 2010 Vorstandsmitglied. – 2009 Preisauszeichnung im Literaturwettbewerb »Stimme werden – Gesicht zeigen«; BIM e.V., 7. Bonner Buchmesse Migration (Kategorie: Lyrik). Veröffentlichung im Free Pen Verlag.

Behjat Mehdizadeh studierte Psychologie im Iran und war Mitarbeiterin bei mehreren Zeitschriften mit frauenpolitischem Schwerpunkt. Nach der Einreise nach Deutschland Studium der Diplom-Sozialarbeit an der Fachhochschule Frankfurt am Main mit dem Schwerpunkt Biografiearbeit. Beraterin für interkulturelle Pädagogik und Kommunikation sowie freiberufliche Mitarbeiterin im Mehrgenerationenhaus kiz-Gallus. Dort ist sie zuständig für eine Biografie- und Erinnerungswerkstatt mit verschiedenen Zielgruppen und leitet ein Erzähl-Cafe. Schreibt überwiegend autobiografische Texte, mit denen sie auf zahlreichen Lesungen präsent ist. Mitglied in der Literaturgesellschaft Hessen, zählt zu den Gründerinnen des Literaturclubs der Frauen aus aller Welt.

Agapi Mkrtchian, 1956 in Armenien geboren. Studierte in Jerewan, Jena und Frankfurt am Main Deutsch, Englisch und Russisch. Seit 1993 Lehrerin an einer Wiesbadener Gesamtschule. 2006 wurde ihr erstes Buch *Meine andere Hälfte* und 2010 ihr Buch *An jenem weißen Abend* im Glaré Verlag veröffentlicht. Ihre ins Armenische übersetzten Gedichte und Erzählungen sind in armenischsprachigen Literaturzeitschriften in Armenien, Libanon, Tschechien und den USA publiziert worden. Einen Schwerpunkt ihrer Texte bildet die Auseinandersetzung mit den Gefühlen und Wünschen des Menschen in der Fremde und seiner Zerrissenheit zwischen dem Leben in der neuen und der alten Heimat.

Alexandra Olah-Leisinger, geboren 1964 in Frankfurt am Main. Seit 25 Jahren in der Arbeit mit Kindern tätig. Leiterin einer städtischen Kita. Seit der Ausbildung intensive Beschäftigung mit Literatur, insbesondere Kinderliteratur. Zusatzausbildung Literacy; derzeit Weiterqualifizierung zur Bibliotherapeutin. Außerdem freie Mitarbeiterin im Institut für systemische Beratung (ISB) Mainz.

Fouzia Taibi, 1984 geboren, Autorin und Lyrikerin. Die gebürtige Nordafrikanerin lebt und arbeitet seit 1990 in Frankfurt am Main. Ihre große Vorliebe gilt der Lyrik.

Lori Tengler, in Kanada geboren, aufgewachsen als ältestes von vier Kindern. Studierte Erziehungswissenschaft und unterrichtete als Grundschullehrerin an kanadischen Schulen. Erhielt ein »Sabbatjahr«, um als Englischassistentin in Deutschland zu arbeiten. Heiratete hier und lebt mit ihrem Mann in der Nähe von Frankfurt am Main. Ein Sohn. Als Englischlehrerin unterrichtet sie weiter an Schulen als auch seit sechs Jahren in der Lehrerfortbildung Grundschulenglisch. Schon immer war es ihr Interesse, ihre Gedanken niederzuschreiben. Veröffentlichte in den Anthologien *Bunt und Bündig* und *Von fernen Gefühlen und Orten.*

Venera Tirreno-Schneider, in Italien geboren, lebt seit vielen Jahren in Frankfurt am Main. Schon als Kind hat sie eine besondere Neigung zum Schreiben entdeckt. Nach einer langjährigen, erfolgreichen Banktätigkeit gibt sie ihren Beruf auf, um sich ihren Lieblingshobbys Literatur, Kunst, Sport und Musik zu widmen. Nebenbei unterrichtet sie Italienisch und arbeitet für eine italienische Zeitung in Deutschland *Click Donne 2000* und für den *Corriere d'Italia*, wo einige ihrer Gedichte und andere Artikel publiziert worden sind. *Sizilien vergessen!* ist ihr erstes Buch, das 2006 in Deutschland erschienen ist. 2007 ist das Buch in italienischer Sprache erschienen und wurde in Sizilien mit dem Preis »Chimera d'argento« ausgezeichnet. Seit 2002 Mitglied des Literaturclubs der Frauen aus aller Welt e.V., seit Januar 2006 gehört sie dem Vorstand an.

Ida Todisco, lebt in Offenbach. Veröffentlichungen in Anthologien und Zeitschriften. Schreibt Erzählungen und Romane.